In Liebe und Dankbarkeit 08.03.200

Roland

LASS MICH GEHEN

Helga Schneider, geboren 1937 in Steinberg, heute Polen, verbrachte ihre Kindheit in Berlin. Als ihre Mutter 1941 die Familie verließ, um KZ-Aufseherin zu werden, wuchs Helga Schneider erst bei ihrer Stiefmutter, dann in Internaten auf. Seit 1963 lebt sie als freie Schriftstellerin in Bologna. Sie ist Mutter eines 35jährigen Sohnes.

Helga Schneider

LASS MICH GEHEN

Roman

Weltbild

Die italienische Originalausgabe erschien 2001 unter dem Titel
Lasciami andare, madre
bei Adelphi in Mailand.

Besuchen Sie uns im Internet:
www.weltbild.de

Genehmigte Lizenzausgabe für Verlagsgruppe Weltbild GmbH,
Steinerne Furt, 86167 Augsburg

Übersetzung: Claudia Schmitt
Umschlaggestaltung: grimm.design, Düsseldorf
Umschlagmotiv: Bildarchiv Preußischer Kulturbesitz, Berlin
Gesamtherstellung: Clausen & Bosse GmbH, Birkstraße 10, 25917 Leck
Printed in Germany
ISBN 3-8289-7523-2

2007 2006 2005 2004
Die letzte Jahreszahl gibt die aktuelle Lizenzausgabe an.

»Das Gefühl des Hasses war mir immer fremd.«

Rudolf Höß
KZ-Lagerkommandant von Auschwitz

Wien, Dienstag, 6. Oktober 1998. Im Hotel.

Heute sehe ich dich wieder, Mutter – nach siebenundzwanzig Jahren. Ob dir inzwischen klargeworden ist, wieviel Leid du deinen Kindern zugefügt hast? Ich habe die ganze Nacht kein Auge zugetan. Jetzt ist es beinahe Tag; ich habe den Rolladen hochgezogen. Der trübe Schleier über den Dächern von Wien beginnt sich zu heben.

Heute sehe ich dich wieder, Mutter, doch mit welchen Gefühlen? Was kann man für eine Mutter empfinden, die ihre Mutterrolle verleugnet hat, um in die schändliche Organisation Heinrich Himmlers einzutreten?

Respekt? Allenfalls für dein ehrwürdiges Alter. Aber sonst?

Ich will nicht sagen: nichts. Du bist trotz allem meine Mutter. Aber ich kann auch nicht sagen: Liebe. Es ist mir nicht möglich, dich zu lieben.

Ich bin innerlich aufgewühlt und muß wider Willen an unser letztes Treffen denken, 1971, als wir uns nach dreißig Jahren wiedersahen. Allein die Erinnerung an diesen Tag jagt mir kalte Schauer über den Rücken – wie erschütternd die Entdeckung, daß du Mitglied der SS gewesen bist.

Und das hast du noch nicht einmal bereut, im Gegenteil. Du warst stolz auf deine Vergangenheit, stolz darauf, eine Musterangestellte jener perfekt funktionierenden Horrorfabrik gewesen zu sein.

Es ist sechs Uhr früh, der Himmel verhangen; es wird wohl regnen. An diesem tristen Tag also sehe ich dich wieder, Mutter, zum zweitenmal, seit du mich vor siebenundfünfzig Jahren verlassen hast – eine Ewigkeit. Ich empfinde keine Vorfreude, aber ich bin aufgeregt, sogar etwas gespannt – ich kann es nicht ändern: Du bist trotz allem meine Mutter.

Was werden wir uns sagen? Was wirst du mir sagen? Werde ich wenigstens eine Spur von Bedauern bei dir feststellen können für all das, was nie zwischen uns gewesen ist? Wird mich endlich deine Hand einmal streicheln – eine mütterliche Geste, nach der ich mich seit über fünfzig Jahren sehne? Oder wirst du mich erneut niederschmettern mit deiner Gleichgültigkeit?

1971 lebte ich in Italien und hatte einen kleinen Sohn, Renzo. Irgendwie verspürte ich plötzlich den sehnlichen Wunsch, dich zu suchen. Und ich fand dich. Hals über Kopf reisten wir nach Wien, um dich in die Arme zu schließen. Aber du hast diesen Enkel, der dich begeistert und neugierig anstarrte, eiskalt abblitzen lassen, hast ihm das Recht verweigert, eine Oma zu haben, wie du mir das Recht verweigert hast, endlich eine Mutter zu haben. Eigentlich kein Wunder, du hast deine Mutterrolle ja immer schon abgelehnt, von Geburt an hast du mich und meinen Bruder Peter immer wieder in fremde Hände gegeben.

Dabei wurde die Mutterschaft im Dritten Reich geradezu beweihräuchert, vor allem von Propagandaminister Joseph Goebbels. Selbst dein Chef, Reichsführer SS Heinrich Himmler, hielt seine Untergebenen dazu an, ein Prinzip nie zu vernachlässigen: die »Treue zum Blut«. Waren deine beiden Kinder etwa nicht dein Blut?

Nein, du wolltest nie Mutter sein, du wolltest Macht, das war dir wichtiger, und einem Häufchen jüdischer Lagerinsassinnen gegenüber konntest du dich wahrhaft allmächtig fühlen – Aufseherin über abgemagerte, entkräftete, völlig verzweifelte Jüdinnen mit kahlgeschorenen Köpfen und leerem Blick. Was für eine schäbige Macht, Mutter!

Während ich den unwirtlichen Himmel über Wien betrachte, spüre ich, daß etwas in mir aufbegehrt: Ich hätte der Einladung einer Unbekannten nicht so schnell folgen dürfen. Ich hätte die ganze Sache vergessen, alles beim alten lassen sollen, so, wie es in den letzten dreißig Jahren gewesen ist.

Ich bin viel zu überstürzt abgereist.

Der Brief kam eines schönen Tages Ende August angeflattert und flößte mir sofort Unbehagen ein, noch bevor ich ihn öffnete. Was mochte der scheußliche pinkfarbene Umschlag enthalten? Ich erwartete keine Post aus Wien. Ich hatte die Stadt 1963 verlassen und jeden Kontakt zu den alten Freunden verloren.

Die Verfasserin hieß Gisela Freihorst und behauptete, eine gute Freundin meiner Mutter zu sein. So erfuhr ich, daß sie noch lebte.

Ja, sie lebte noch, war aber vor kurzem in ein Seniorenheim gekommen. Ihr Zustand hatte sich in letzter Zeit rapide verschlechtert. Sie ging aus dem Haus und fand nicht mehr zurück, sie vergaß, den Wasser- oder, schlimmer noch, den Gashahn abzudrehen, früher oder später hätte sie womöglich das ganze Haus in die Luft gesprengt. Jedenfalls war sie zu einer Gefahr für sich und ihre Mitmenschen geworden, wie es in solchen Fällen heißt.

Zunächst hatte sich noch der psychiatrische Notdienst ihres Stadtteils um sie gekümmert, was bedeutete: dreimal pro Woche Behandlung in einer Tagesklinik, ansonsten Betreuung durch Sozialarbeiter (die sie anscheinend allesamt vergrault hatte – immer noch die alte: streitsüchtig, argwöhnisch und starrsinnig; die Jahre hatten sie offensichtlich keine Spur umgänglicher gemacht). »Schließlich blieb nichts anderes übrig«, schrieb Frau Freihorst, »als ihre Wohnung zu kündigen und sie in einer Einrichtung unterzubringen, in der sie Tag und Nacht unter Aufsicht ist. Ihre Mutter geht auf die Neunzig zu, sie könnte von heute auf morgen sterben. Noch wäre Zeit für eine letzte Begegnung – wollen Sie diese Möglichkeit nicht nutzen? Schließlich ist sie Ihre Mutter.«

Die bürokratischen und zugleich schlichten Worte der Schreiberin berührten mich zutiefst. Nach dem enttäuschenden Besuch im Jahr 1971 hatte ich die Erinnerung an meine Mutter in den hintersten Winkel meines Gedächtnisses verdrängt. Seit vielen Jahren hatte ich sie gleichermaßen in Gedanken beerdigt. Ich redete mir ein, meine Mutter liege auf einem der vielen romantischen Friedhöfe Wiens, ihrer und meines Vaters Heimatstadt – in jenem Wien, in dem auch ich als junges Mädchen gelebt habe, freilich im Internat, mutterseelenallein und verbittert.

Ich habe es bewundert, aber nie geliebt, das kaiserliche Wien mit seinem unvergänglichen Stolz, das strenge, das zivilisierte, das grüne, das saubere Wien – das eisige Wien. Noch heute, siebenundzwanzig Jahre später, betrachte ich es mit einer Art von mißtrauischer Faszination.

Und so ist denn alles gekommen. Dieser Brief in seinem pinkfarbenen Umschlag hat mich aus meiner Bequemlichkeit gerissen und mir die Überzeugung genommen, meine Mutter sei tot und ich müsse ihretwegen keinen Schmerz mehr empfinden und keine Zerreißprobe mehr bestehen.

Es ist zwanzig nach sechs; draußen nieselt es. Das Grau des Himmels geht mir auf die Nerven.

Ich hätte diesen Brief nicht beachten sollen! Je länger ich darüber nachdenke, desto überzeugter bin ich davon. Vielleicht wäre ich ein paar Tage unruhig gewesen, aber dann hätte ich ihn verdrängt, nach und nach, wie alles andere auch, und irgendwann hätte ich meinen Seelenfrieden wiedergefunden, oder wenigstens den Anschein davon. Statt dessen habe ich mich breitschlagen lassen, breitschlagen von dieser Nachricht, von Frau Freihorsts betrüblichen Worten, von meiner eigenen Neugier – wie meine Mutter heute wohl aussah …

Oder war da gar wieder eine törichte kleine Hoffnung aufgekeimt? Wer weiß, vielleicht hatte sie sich ja doch noch geändert, vielleicht bereute sie ihre Vergangenheit inzwischen, vielleicht war ihr hartes Herz im Alter doch noch weich geworden? Vielleicht war sie sogar zu einer mütterlichen Geste fähig ... Neugier, Hoffnung und ein dunkler Drang, es kam alles zusammen. Und so gab ich nach, mehr noch, ich kündigte Frau Freihorst meinen Besuch umgehend an, fast als fürchtete ich, meine Meinung sonst wieder zu ändern.

Heute sehe ich dich wieder, Mutter, und ich habe Herzklopfen. Was werden wir uns sagen? Wirst du, wie 1971, nur über dich und deine Vergangenheit reden wollen – diese Vergangenheit, die du als so erfüllend empfunden hast, daß du nach dem Zusammenbruch des Naziregimes restlos am Boden zerstört warst? Und wirst du wie damals deine ehemaligen Kameraden loben, unter denen nach deinen eigenen Worten »vorbildliche Familienväter« waren?

Ich erinnere mich, daß du von Rudolf Höß gesprochen hast. Du warst stolz, ihn gut gekannt zu haben, ebenso wie seine Frau und seine fünf Kinder. Du meintest, Höß sei der beste Lagerkommandant von Auschwitz gewesen, und du hättest seine Versetzung bedauert, vor allem, weil du jetzt Frau Höß nicht mehr besuchen konntest in ihrem hübschen Häuschen in der SS-Siedlung – außerhalb des elektrischen Zauns. Wie viele Häftlinge haben sich, auf der Suche nach einem raschen Befreiungstod, gegen diesen Zaun geworfen ... Aber im trauten Heim der Familie Höß hattest du neue Kräfte sammeln, dich von den Strapazen des Lageralltags erholen können, die auch eine harte Aufseherin wie dich bisweilen an den Rand der Erschöpfung führten; das war nun nicht mehr möglich.

Ich habe später die Aufzeichnungen von Höß aus den Monaten vor dem Prozeß und vor seiner Hinrichtung gelesen – ungläubig und voller Entsetzen dachte ich dabei an deine begeisterten Schilderungen zurück. Aber vielleicht, Mutter, vielleicht hast du dich ja geändert. Vielleicht können wir endlich miteinander reden wie Mutter und Tochter, die sich seit siebenundzwanzig Jahren nicht gesehen und die ein Leben lang nicht miteinander geredet haben.

Aus einer eidesstattlichen Erklarung von Rudolf Höß, Mitglied der Waffen-SS und vom 1. Mai 1940 bis zum 1. Dezember 1943 Kommandant des KZ Auschwitz , vor einem polnischen Gericht, das ihn später zum Tode verurteilt:

»Massenhinrichtungen durch Vergasung begannen im Laufe des Sommers 1941 und dauerten bis zum Herbst 1944. Ich beaufsichtigte persönlich die Hinrichtungen in Auschwitz bis zum 1. Dezember 1943 [...].

Die ›Endlösung‹ der jüdischen Frage bedeutete die vollständige Ausrottung aller Juden in Europa. Ich hatte den Befehl, die Hinrichtungen in Auschwitz im Juni 1942 effizienter zu gestalten. Zu jener Zeit bestanden schon drei weitere Vernichtungslager im Generalgouvernement: Belzec, Treblinka, Wolzek. Diese Lager befanden sich unter dem Kommando der Sicherheitspolizei und des Sicherheits- und Spionagedienstes. Ich besuchte Treblinka, um festzustellen, wie die Vernichtungen ausgeführt wurden. Der Lagerkommandant von Treblinka sagte mir, daß er 80 000 Menschen im Laufe eines halben Jahres liquidiert habe. Er hatte hauptsächlich mit der Liquidierung aller Juden aus dem Warschauer Ghetto zu tun. Er wandte Monoxid-Gas an, und nach seiner Ansicht waren seine Methoden nicht sehr wirksam. Als ich das Vernichtungsgebäude in Auschwitz errichtete, gebrauchte ich also Zyklon B, eine kristallisierte Blausäure, die wir durch eine kleine Öffnung in die Todeskammer einwarfen. Es dauerte 3 bis 15 Minuten, um die Menschen in der Todeskammer zu töten. Wir wußten, wann die Menschen tot waren, weil ihr Kreischen aufhörte.

Eine andere Verbesserung gegenüber Treblinka war, daß wir Gaskammern bauten, die 2000 Menschen auf einmal fassen konnten, während die 10 Gaskammern in Treblinka nur je 200 Menschen faßten. Die Art und Weise, wie wir unsere Opfer auswählten, war folgende: Zwei SS-Ärzte waren in Auschwitz tätig, um die eintreffenden Gefangenentransporte zu untersuchen. Die Gefangenen mußten an einem der Ärzte vorbeigehen, der durch Zeichen die Entscheidung fällte. Diejenigen, die zur Arbeit taugten, wurden ins Lager geschickt. Kinder im zarten Alter wurden unterschiedslos vernichtet, da sie auf Grund ihrer Jugend unfähig waren zu arbeiten.

Noch eine andere Verbesserung, die wir gegenüber Treblinka einführten, war diejenige, daß in Treblinka die Opfer fast immer wußten, daß sie vernichtet werden sollten, während wir uns in Auschwitz bemühten, die Opfer zum Narren zu halten, indem wir sie glauben ließen, daß sie ein Entlausungsverfahren durchzumachen hätten. Natürlich erkannten sie auch häufig unsere wahren Absichten, und wir hatten deswegen manchmal Aufruhr und Schwierigkeiten. Sehr häufig wollten die Frauen ihre Kinder unter den Kleidern verstecken, aber wenn wir sie fanden, wurden sie natürlich zur Vernichtung hineingesandt. Wir sollten diese Vernichtungen im geheimen ausführen, aber der faule und Übelkeit erregende Gestank, der von der ununterbrochenen Körperverbrennung ausging, durchdrang die ganze Gegend, und alle Leute, die in den umliegenden Gemeinden lebten, wußten, daß in Auschwitz Vernichtungen im Gange waren ...«*

Eine unerträgliche Vorstellung, Mutter, diese kleinen Kinder, die man von ihren Müttern wegreißt und alleine in die Gaskammern schickt.

Und du, meine eigene Mutter, hast bei diesen Greueln mitgemacht.

Es regnet – ein träger, trostloser Regen. Der Asphalt vor dem Hotel glänzt im Licht der Straßenlaternen.

---

* Wolfgang Schneider (Hg.), *Die Waffen-SS*, © 1998 Rowohlt Berlin Verlag GmbH, Berlin.

Während sich das Morgengrauen widerstrebend in einen feuchten Vormittag verwandelt, fühle ich mich körperlich immer matter. Mein Kopf allerdings arbeitet auf Hochtouren, immer wieder durchzucken mich quälende Gedanken. Ich brauche dringend einen Kaffee, einen starken italienischen Espresso.

Heute sehe ich dich wieder Mutter, und bei diesem Gedanken spüre ich ein riesiges Loch im Bauch. Siebenundzwanzig Jahre sind seit unserer letzten Begegnung vergangen. Ob es noch etwas zu retten gibt, Mutter? Ist es nicht längst zu spät für alles – und sei es nur für den Versuch, zu verstehen, zu vergeben, wenigstens ein ganz hauchdünnes Band zu knüpfen?

»Halt die Hände auf«, hast du 1971 in Wien zu mir gesagt. Ich werde es nie vergessen. Du hast mich am Arm ins Schlafzimmer deiner kleinen Wohnung in Mariahilf gezogen und mit geheimnisvoller Miene eine Schublade aufgemacht – eine uralte, verheißungsvolle Geste, die oft einem Geschenk vorausgeht, nicht wahr, Mutter?

»Halt die Hände auf.« Und schon hatte ich sie voll mit Ringen, Armbändern, Manschettenknöpfen, Anhängern, Broschen und einem Gewirr aus Ketten und Kettchen; sogar eine Uhr war dabei. Einen Moment lang starrte ich verständnislos auf all das Gold, dann ging mir ein Licht auf, und es war, als hielte ich Glut in den Händen. Entsetzt riß ich sie zurück, der Schmuck fiel klirrend auf den Boden.

»Ich wollte dir doch etwas schenken.« Wie grausam dieser naive Satz klang. »Du könntest das einmal brauchen; man weiß nie, was im Leben auf einen zukommt.«

»Ich will diesen Schmuck nicht«, sagte ich.

Du hast mich einen Moment lang bekümmert angesehen und dann alles wieder eingesammelt, Stück für Stück. Als ich dich irgendwann mit spitzen Fingern ein zierliches Kettchen aufheben sah, verspürte ich einen Stich im Herzen.

Es war eins von diesen Kettchen, die man kleinen Mädchen zu ihrem vierten oder fünften Geburtstag schenkt, auf den ersten Blick ganz unscheinbar, bei näherem Hinsehen jedoch sehr kostbar gearbeitet. Wie ich es so betrachtete, schob sich mit erschrekkender Deutlichkeit ein Bild vor meine Augen. Ich sah dich plötzlich nicht mehr dein widerliches Gold zusammenraffen, sondern das kleine Mädchen, dem die Kette gehört hatte, in die Gaskammer stoßen. Da stand für mich fest: Diese Mutter wollte ich nicht.

Eine Mutter, die mich jahrzehntelang ignoriert hatte und die jetzt meinen kleinen Sohn mit einem Malbuch, alleine und unbeachtet, im Wohnzimmer sitzen ließ.

Ich erinnere mich noch gut, wie enttäuscht, wie entrüstet du warst: Wie kam ich, deine Tochter, dazu, ein derartiges Geschenk zurückzuweisen? Hast du wirklich geglaubt, Mutter, mich mit einer Handvoll »Judengold« für all die Jahre entschädigen zu können, in denen du einfach untergetaucht warst?

Zum Schluß versuchtest du es noch einmal: »Bist du wirklich sicher, daß du den Schmuck nicht möchtest?« Welche Verbohrtheit, welche stumpfsinnige Aufdringlichkeit! »Ja«, erwiderte ich barsch. Das Warum versuchte ich nicht zu erklären – es wäre sinnlos gewesen.

Fertig. Ich brauche nur noch in die Hotelhalle runterzugehen, wo meine Kusine Eva auf mich wartet; sie ist eigens aus Deutschland angereist, um mir heute zur Seite zu stehen. Plötzlich spüre ich, daß ich den Besuch am liebsten Knall auf Fall absagen würde, nur daß Eva mir diesen feigen Rückzieher kaum durchgehen ließe.

Sie ist eine sehr liebe Frau, aber konsequent bis zum äußersten.

Wir beide haben uns vor zwei Jahren nach langer Trennung wiedergefunden. Evas Mutter war die Schwester meines Vaters Stefan.

Das letzte Mal hatten wir uns 1942 in Berlin gesehen, wo ihre Eltern eine prächtige Villa besaßen, in der die Creme der Gesellschaft ein und aus ging. Eva und ich trafen uns dort anläßlich der Hochzeit meines Vaters, der in zweiter Ehe eine hübsche junge Berlinerin namens Ursula heiratete. Mir sollte Ursula allerdings zu einer erbitterten Feindin werden. Sie mochte mich nicht, sie mochte nur Peter, meinen kleinen Bruder, und ich zahlte ihr diese Ablehnung mit gleicher Münze heim – eine instinktive Reaktion.

Mein Vater hatte Ursula während eines kurzen Fronturlaubs kennengelernt, als er schon von meiner Mutter geschieden war. Es soll Liebe auf den ersten Blick gewesen sein, aber daß er diese zweite Ehe gar so überstürzt einging, lag meines Erachtens auch daran, daß er Peter und mir eine neue Mutter geben wollte. Die andere, die richtige Mutter, hatte uns ein Jahr zuvor, im Herbst 1941, verlassen, um in die SS einzutreten. Ich war vier Jahre alt, Peter gerade neunzehn Monate, als sie uns einfach sitzenließ. Die beiden kleinen »Waisen« fanden zunächst Unterschlupf bei Tante Margarete, der Schwester meines Vaters, aber das konnte nur eine Übergangslösung sein, denn meine Tante war gesundheitlich ziemlich angeschlagen. Unsere Großmutter hätte mich und Peter liebend gern aufgenommen, doch sie war schon hochbetagt, und es hieß, Kinder müßten mit einer jungen Frau aufwachsen, die im Vollbesitz ihrer Kräfte ist – was theoretisch ja stimmen mag, sich praktisch jedoch als Katastrophe herausstellte.

Mein Vater kehrte nach seiner Blitzhochzeit an die Front zurück, und für mich begann die Hölle. Innerhalb kürzester Zeit hatte Stiefmutter Ursula mich in ein Heim für Schwererziehbare abgeschoben, eine Art Abstellgleis für Kinder, die zu Hause lästig waren. Ich trat im Heim sofort in den Hungerstreik – und wäre um ein Haar daran gestorben (eine andere Lösung sah ich nicht, um diesem Ort des Grauens und der Verzweiflung zu entfliehen).

»Wie fühlst du dich?« fragt Eva. Wir frühstücken in einem ruhigen Seitenraum. Die Fenster gehen auf einen baumbestandenen Innenhof hinaus, der vor Feuchtigkeit dampft.

»Miserabel«, sage ich mit einem mürrischen Blick auf die italienische Espressomaschine, die alles andere produziert als italienischen Kaffee. »Wenn ich bloß einen anständigen Kaffee bekommen könnte«, seufze ich.

»Du hast doch schon drei getrunken«, sagt Eva.

»Das war Spülwasser«, erwidere ich abfällig.

»Unglaublich, wie ihr Italiener auf euren Kaffee fixiert seid.«

Meine Kusine lächelt. Für sie bin ich nur noch »die Italienerin«.

»Und ihr auf eure Bratwürste«, gebe ich zurück, aber ich zürne ihr nicht. Ich mag Eva. Obwohl wir jahrzehntelang keinerlei Kontakt zueinander hatten, steht sie mir nahe wie eine Schwester.

»Nur Mut«, meint sie aufmunternd. »Ich bin ja bei dir.«

»Wie sie wohl aussieht?« überlege ich bange. »Bestimmt ist sie sehr gealtert, vielleicht erkenne ich sie nicht mal wieder.«

»Tja«, erwidert Eva spöttisch, »Mütter werden nun mal alt.«

»Das weiß ich auch«, brumme ich, »aber normalerweise sieht man seine Mutter Tag für Tag alt werden. Bei mir ist es etwas ganz anderes. Als ich meine Mutter zum erstenmal bewußt gesehen habe, war sie sechzig, und heute, beim zweiten Mal, ist sie annähernd neunzig!«

»Du hast recht«, meint Eva nachdenklich und drückt meine Hand. »Aber jetzt gibt es kein

Zurück mehr. Und wer weiß, vielleicht bist du schließlich doch froh.«

»Mir ist speiübel«, sage ich mit hängendem Kopf.

Das Taxi kommt pünktlich. Da unser Hotel etwas außerhalb liegt, haben wir es schon am Vortag bestellt.

Der Taxifahrer ist ein Mann um die Vierzig, eher breit als hoch, mit kugeligem Bierbauch. Eine Weile lauschen wir alle drei der beschwingten Smetana-Polka im Radio, ohne etwas zu sagen. Es nieselt nach wie vor aus einem bleifarbenen Himmel. Die Scheibenwischer bewegen sich mit monotonem Quietschen. Ich muß an das Dossier meiner Mutter denken. Eva und ich haben es gestern im Zentrum Wiesenthal abgeholt. Der Lebenslauf meiner Mutter liest sich noch schlimmer als befürchtet: Frühe Parteitätigkeit in der NSDAP, dann Sachsenhausen, Ravensbrück und schließlich Auschwitz-Birkenau. Im Frauen-KZ Ravensbrück ist sie an Experimenten beteiligt gewesen, denen man die Lagerinsassinnen unterzog, später hat sie sich zur Aufseherin von Vernichtungslagern ausbilden lassen. Nach Birkenau wurden nur die Härtesten und Abgebrühtesten geschickt.

Wir fahren durch ein Dorf am äußersten Stadtrand von Wien. Eva bittet den Taxifahrer plötzlich, vor dem nächsten Blumenladen anzuhalten.

»Blumen?« frage ich mißtrauisch.

»Du willst doch nicht mit leeren Händen erscheinen ...«

»Ich weiß nicht ... Findest du das nicht heuchlerisch?«

»Nein, das ist eine kleine Geste der Höflichkeit, und solche Gesten sind manchmal unerläßlich«, erwidert Eva freundlich, aber unnachgiebig.

Wenig später hält das Taxi vor einem Blumengeschäft, das innen mit hellem Holz verkleidet ist. Es riecht nach Friedhof.

»An was für Blumen hast du denn gedacht?« fragt Eva in praktischem Ton.

»Ich habe eigentlich gar nicht an Blumen gedacht«, erwidere ich trotzig.

»Gut, dann suche ich welche aus.«

Sie überlegt kurz und wählt dann schlichte Blumen. Als der Strauß fertig ist, bedeutet sie der Floristin, ihn mir zu überreichen. Ich nehme ihn widerstrebend entgegen und sehe ihn an, als berge er eine Gefahr. Tatsächlich habe ich den Eindruck, er steche mich.

»Der hat ja Dornen«, protestiere ich.

Die Verkäuferin, eine Frau mit stahlblauen Augen und kamillefarbenem Haar, das im Nacken von einem Samtband zusammengehalten wird, macht ein beleidigtes Gesicht. »Diese Blumen haben keine Dornen«, sagt sie.

»Wieso habe ich mich dann gestochen?«

»Komm, mach keine Geschichten«, zischt Eva mir zu.

Wir bezahlen und gehen hinaus. Als ich mich umdrehe, sehe ich, daß die Verkäuferin hinter der Ladentür steht und uns nachschaut.

»Dornen ...«, meint Eva mit einem nachsichtigen Grinsen.

Unsere Verabredung ist auf zehn Uhr gelegt. Wir kommen eine Viertelstunde zu früh.

Das Taxi hält vor einem großen Tor; hinter der mittelalterlich anmutenden hohen Mauer erkenne ich einen hellen Gebäudekomplex. Der Taxifahrer öffnet uns die Wagentür, wünscht uns einen schönen Tag, klemmt seinen Bierbauch wieder hinters Steuer und fährt davon.

Als wir die Eingangshalle betreten wollen, habe ich plötzlich das Gefühl, ersticken zu müssen.

»Was ist?« fragt Eva besorgt.

»Ich kriege keine Luft.«

»Atme ein paarmal tief durch. Das ist bestimmt die Aufregung.«

»Ich bin nicht aufgeregt«, erwidere ich. Aufgeregt nicht, aber wie gelähmt vor Angst.

Mit schwachen Beinen wanke ich zu einer alten Platane in der Nähe der Eingangstür und lehne mich an ihren Stamm. Ich bin völlig konfus und obendrein wütend auf mich selbst. Hätte ich bloß diesen Brief zerrissen! Während ich langsam wieder zu Atem komme, suche ich in Gedanken fieberhaft nach einem Schlupfloch – irgendeine Möglichkeit muß es doch geben, mich der Sache noch einmal zu entziehen.

»Bist du bereit?« fragt Eva.

»Nein«, antworte ich mit einem Tritt gegen den Baumstamm.

Dann bekomme ich einen Hustenanfall. Ich huste, bis mir die Tränen kommen.

»Was ... ist los ... mit mir?« keuche ich, während ich meine Handtasche öffne und nach einem Taschentuch krame. Eine Sekunde später fällt der gesamte Inhalt ins klitschnasse Gras. Es fehlt nicht viel, und ich fange an zu heulen.

Eva bückt sich, um mir beim Einsammeln zu helfen. Irgendwann begegnen sich unsere Blicke.

»Weißt du noch, was du 1942 in Berlin zu mir gesagt hast, als wir uns zuletzt gesehen haben?« frage ich, auf den Fersen hockend.

Eva runzelt die Stirn. »Ich glaube, ich habe dumme Kuh zu dir gesagt.«

»Genau«, erwidere ich. »Wie bist du eigentlich dazu gekommen?«

»Wie ich dazu gekommen bin? Du hast mich blöde Ziege genannt!« antwortet Eva entrüstet.

Wir brechen in schallendes Gelächter aus.

»Das ist jetzt sechsundfünfzig Jahre her, kannst du dir das vorstellen?« seufze ich, als wir uns beruhigt haben. Eine Hand auf dem Rücken, richte ich mich mühsam auf. »Wir sind alt geworden.«

Jetzt, wo ich wieder stehe, mustert Eva mich kritisch von oben bis unten.

»Was ist?« frage ich argwöhnisch.

»Ich glaube, du solltest dich ein wenig herrichten. Du hast Lippenstift auf den Augenlidern und Rouge auf den Lippen.«

»Wunderbar«, sage ich und krame Spiegel, Lippenstift und Puderdose aus der Tasche.

»Fertig?« fragt Eva nach einer Weile.

»Nein.«

»Egal«, meint sie trocken, »wir haben nur noch ein paar Minuten.«

Wir gehen zur Pförtnerloge und fragen nach Fräulein Inge – ihr Name ist mir genannt worden, als ich aus Italien anrief, um meinen Besuch anzukündigen.

Der muntere Pförtner, eine Bohnenstange mit Mäuseschnurrbart, macht sich an seiner gewaltigen Telefonanlage zu schaffen. »Sehen Sie das beige Gebäude hinter dem Brunnen?« fragt er schließlich. »Gehen Sie dort rüber, und fragen sie noch mal bei der Empfangsdame.«

Meine Spannung hat sich durch unser Gelächter etwas gelöst, jetzt kehrt sie wieder und schnürt mir die Kehle zu. Davon abgesehen, komme ich mir mit dem Strauß in der Hand lächerlich vor.

»Und diese verflixten Blumen haben doch Dornen«, murmle ich, bloß um sicherzugehen, daß mir die Stimme nicht im Hals steckenbleibt. Ich fühle mich wie ausgebrannt, außerdem jucken meine Fußsohlen.

»Warte«, sage ich zu Eva und zupfe sie am Mantelärmel.

»Was hast du denn jetzt schon wieder?« fragt sie mit der Miene einer liebevollen, aber leicht genervten Schwester.

»Ich muß mir die Schuhe ausziehen.«

»Die ... die Schuhe ausziehen?« stammelt sie entgeistert.

»Ja, meine Fußsohlen jucken«, jammere ich.

Aber Eva schüttelt den Kopf. »Achte nicht drauf. Das geht schon wieder vorbei«, sagt sie, faßt mich energisch unterm Arm und zieht mich zu der großen Eingangstür des hellen Gebäudes. »Wir sind pünktlich, es ist genau zehn Uhr«, stellt sie zufrieden fest.

Unmittelbar hinter der Tür stoßen wir auf einen Glaskasten mit zwei jungen Damen, sie sehen aus wie Hostessen. Eine von ihnen arbeitet am Computer, also wende ich mich an die andere, stelle mich vor und bitte, Fräulein Inge von unserer Ankunft zu unterrichten.

Die rosa lackierten Fingernägel der Dame gleiten über eine Tastatur und tippen eine Nummer ein. »Fräulein Inge kommt sofort«, sagt sie. Ihre Höflichkeit ist rein professionell.

Als sie sich der Kollegin zuwendet, die ihr etwas auf dem Computerbildschirm zeigen möchte, ist das Lächeln auf ihren Lippen bereits wieder erstorben. Die beiden starren eine Weile auf den Monitor, dann wenden sie die Köpfe und mustern mich verstohlen. Ich glaube zu wissen, warum. Ich bin die Tochter der Nazi-Frau.

Unwohlsein beschleicht mich, obwohl ich Ähnliches schon öfter erlebt habe. Ich wende mich ab und trete zu einem Gemälde an der Wand; ein Dorf und einer der herrlichen Seen des Salzkammerguts sind darauf dargestellt; während ich vorgebe, das Bild zu betrachten, denke ich an eine Szene, die mir vor zwei Jahren in Mailand passiert ist.

Man hatte mich zu einer Veranstaltung mit dem Thema »50 Jahre Rassengesetze« eingeladen. Die Redner im gerammelt vollen Theatersaal waren ein Historiker, ein Schriftsteller, einige Vertreter der

Mailänder Kulturszene, zwei KZ-Überlebende und ich, Tochter einer Aufseherin des KZ Auschwitz-Birkenau.

Während einer Pause näherte sich mir eine Frau, die Birkenau überlebt hatte. Sie sah mir in die Augen. »Ich hasse sie!« platzte sie heraus.

Ich war einen Moment lang wie vor den Kopf geschlagen. Als ich mich wieder gefangen hatte, fragte ich: »Warum? Warum hassen Sie mich?«

»Weil Ihre Mutter Lageraufseherin in Birkenau war. Ich glaube, ich erinnere mich sogar an sie. Sie war blond und schlug immer gleich zu. Einmal hat sie mir mit ihrem Gummiknüppel die Schneidezähne ausgeschlagen. Sie war groß, blond und stämmig, habe ich recht?« fragte die Frau und starrte mich böse an.

»Ich ... ich weiß nicht«, stammelte ich.

»Was? Sie wissen nicht, ob Ihre Mutter blond war? Sie werden doch mal ein Foto von ihr gesehen haben! Ich will es wissen, ich will wissen, ob dieses blonde Riesenweib in Birkenau Ihre Mutter war!«

Sie hatte mich am Arm gepackt, ihre Finger umklammerten nervös mein Handgelenk.

Ich schüttelte hilflos den Kopf. »Das kann ich Ihnen leider nicht sagen. Als meine Mutter in Birkenau war, hatte ich keinen Kontakt mehr zu ihr. Ich ... ich ...« Meine Stimme versagte.

»Egal.« Die Frau ließ mich los, ihre Hand fiel zurück. »Entschuldigen Sie ...« Sie schwieg und nahm eine seltsame, geduckte Haltung ein.

Ich schätzte sie auf etwa siebzig; sie war klein und wirkte unglaublich zerbrechlich, das durchlebte Leid stand ihr unauslöschlich ins Gesicht geschrieben.

Einer der Veranstalter hatte die Szene mitbekommen. Er trat zu uns und sagte: »Ich finde es, ehrlich gesagt, nicht fair von Ihnen ...«

»Sie haben recht«, unterbrach ihn die Frau und fiel immer mehr in sich zusammen. »Tut mir leid ... ich habe die Beherrschung verloren. Entschuldigen Sie mich.«

Mit diesen Worten wollte sie an ihren Platz im Zuschauerraum zurückkehren, aber jetzt war ich es, die sie am Arm zurückhielt und ihr in die Augen sah. »Sie haben keinen Grund, sich bei mir zu entschuldigen«, sagte ich. »Aber genausowenig haben Sie Grund, mich anzuklagen. Ich war siebeneinhalb, als der Krieg zu Ende war.«

Ihre Gesichtszüge wurden etwas weicher. »Siebeneinhalb«, wiederholte sie. »Sie haben recht. Nochmals, Verzeihung.« Dann huschte sie weg.

Der Dozent, der für mich in die Bresche gesprungen war, sah ihr nach. »Sie müssen die Frau verstehen«, sagte er. »Diese Leute können nie ganz vergessen.«

»Ich weiß«, sagte ich.

Niemand, der in einem KZ war, ist je wieder ganz freigekommen. Keiner, der Auschwitz überlebt hat, konnte das Leid je ganz überwinden.

»Die Damen warten auf mich?« fragt eine frische, junge Stimme. Fräulein Inge ist eine rotwangige Frau um die Dreißig, mit gemütlichem, rundem Gesicht.

Wir tauschen die üblichen Floskeln aus.

»Dann haben Sie Ihre Mutter also siebenundzwanzig Jahre nicht mehr gesehen?« Ihre Stimme verrät nicht den geringsten Vorwurf.

Ich antworte mühsam und muß dabei mehrmals schlucken. Meine Stimmbänder sind wie gelähmt. »Ja ... Aber dafür gibt es natürlich Gründe ... Ich meine, es mag seltsam klingen, daß eine Tochter ...«

Fräulein Inge schüttelt sanft den Kopf. »Sie müssen sich nicht rechtfertigen, das ist ganz und gar Ihre Privatangelegenheit.«

Ich bin froh über Ihre Diskretion, andererseits aber auch ein wenig verunsichert. Ich hätte ihr gerne erklärt ...

Was man hier im Heim wohl über meine Mutter weiß?

»Ich möchte Sie etwas fragen«, bringe ich schließlich heraus. »Meine Mutter ... ihre Vergangenheit ... ich meine, erzählt sie manchmal davon, oder schweigt sie alles tot?«

»Oh, durchaus nicht«, erwidert Fräulein Inge. »Aber das ist kein Problem, glauben Sie mir.«

»Meine Mutter spricht also mit den anderen Heimbewohnerinnen darüber, was sie einmal war?«

»Ja, manchmal.«

»Und ...« Ich muß schon wieder schlucken.

»Sie meinen, wie die Reaktionen sind?« Fräulein Inge lächelt liebenswürdig. »Viele von den Frauen leiden unter Gedächtnisschwäche – Ihre Mutter übrigens auch. Nach einer Stunde können sie sich an nichts mehr erinnern.«

»Ich möchte noch etwas fragen ...« Mein Herz schlägt mir bis zum Hals.

»Bitte, fragen Sie nur.«

»Was erzählt meine Mutter über ihre Kinder?«

Fräulein Inge antwortet in völlig neutralem Ton. »Als sie hier ankam, sagte sie, ihre Kinder hätten sie abgeschoben. Ein paar Tage später behauptete sie, sie seien beide gestorben, und an dieser Version hält sie bis heute fest.«

Ein feiger Hoffnungsschimmer tut sich vor mir auf. »Ob sie es da geistig überhaupt verkraftet, mich plötzlich auftauchen zu sehen, quasi aus dem Nichts?« frage ich vorsichtig. »Ich meine, das könnte doch ein Schock sein ...«

Ein feines Lächeln spielt um Fräulein Inges Lippen. »Haben Sie nicht mit dem Hausarzt Ihrer Mutter gesprochen?« fragt sie unaufdringlich.

»Doch, das habe ich. Er meinte ... er meinte, er habe nichts gegen meinen Besuch einzuwenden.«

»Gut«, erwidert Fräulein Inge und legt mir die Hand auf die Schulter. »Dann haben wir auch nichts einzuwenden. Kommen Sie, ich begleite Sie zu ihr.«

»Einen Moment noch«, erwidere ich hastig, beinahe panisch.

»Möchten Sie noch etwas fragen?« Fräulein Inges diplomatischer Ton entwaffnet mich: Sie hat meinen verzweifelten Versuch, Zeit zu schinden, völlig durchschaut.

»Wie geht es meiner Mutter?« will ich wissen. »Ich meine: körperlich.«

»Eigentlich recht gut. Klar, ganz ohne Wehwehchen geht es im Alter nicht. Aber im Grund ist sie bisher glimpflich weggekommen.«

»Und … geistig?«

»Das hängt von ihrer Tagesform ab. Sie wird hier medikamentös behandelt. Wir versuchen, ihre Gedächtnisleistung und Kontaktfreudigkeit zu fördern.«

»Soll das heißen, sie hat Probleme, Kontakt zu finden?«

»Na ja … Ihre Mutter hat einen etwas schwierigen Charakter«, sagt Fräulein Inge und zieht uns zu einem Fenster, da wir dem Küchenwagen im Weg stehen.

»Aber manchmal ist sie auch ganz fröhlich«, fährt sie fort. »Dann lacht und scherzt sie mit den anderen Heimbewohnerinnen und mit dem Pflegepersonal. Oft spricht sie über die Vergangenheit, vor allem über die Jahre mit ihrer Freundin, Frau Freihorst. Hin und wieder auch über ihre Gefangenschaft und … ja, manchmal hat sie auch das Bedürfnis, über ihre Tätigkeit in den Lagern zu sprechen, ich meine … im KZ. Komisch: Bei diesem Thema ist sie immer völlig klar im Kopf, auch wenn sie sich am nächsten Tag meistens an nichts erinnert.«

Es folgt eine Pause. Der Korridor, in dem wir stehen, ist heiß und ein wenig stickig.

»Darf ich einen Moment das Fenster öffnen?« frage ich und schnappe nach Luft.

»Natürlich«, sagt Fräulein Inge. »Fühlen Sie sich nicht wohl?«

»Das ist nur die Anspannung …«

Fräulein Inge öffnet das Fenster selbst, ein schweres, hohes Fenster aus dem letzten Jahrhundert, und ich beuge mich einen Augenblick lang hinaus, die Ellbogen auf das breite Sims gestützt.

Die Luft ist feucht, aber nicht kalt; der Duft der nassen Blätter tut mir gut. Auf dem Ast einer jungen Lärche schaukelt eine dicke Amsel; ein Spatz mit zerzaustem Gefieder schaut ihr zu.

Ich gebe mir einen Ruck, trete zurück und schließe das Fenster. »So, jetzt bin ich bereit«, sage ich dann, obwohl ich insgeheim starke Zweifel habe.

Wir steigen die Treppe ins erste Stockwerk hinauf und betreten einen breiten Korridor, in dem es lebhaft zugeht: Es wimmelt von Pflegekräften, Ärzten, Besuchern und Reinigungspersonal. Entlang einer Wand mit heiteren Farbdrucken sind kleine Sitzgruppen aufgestellt. Zwei alte Damen diskutieren angeregt, andere lesen Zeitung oder stricken, eine telefoniert sogar mit einem Handy.

Fräulein Inge hält eine Kollegin an und fragt sie nach meiner Mutter. Die Schwester, ein pausbäckiges großes Mädchen mit naivem Gesichtsausdruck, reißt die Augen auf und sieht sich um. »Vor einer Sekunde habe ich sie noch gesehen!« ruft sie verblüfft aus. »Vielleicht ist sie aufs Klo gegangen.«

»Entschuldigen Sie einen Moment«, sagt Fräulein Inge und steckt den Kopf in eine Toilette, dann in die nächste.

In diesem Augenblick sehe ich sie – in einem Seitenkorridor.

Nicht daß ich sie wirklich wiedererkenne – ich fühle, daß sie es ist, daß diese Frau meine Mutter ist.

Mein Herz stockt, und ich spüre ein seltsames Kribbeln zwischen den Schulterblättern.

Wie sie sich verändert hat. Ich betrachte sie aus der Ferne. Wie sie sich verändert hat!

»Was ist los?« flüstert Eva mir zu.

»Ich habe sie gesehen«, erwidere ich tonlos.

»Wo?«

Ich deute mit dem Kinn in den Korridor.

»Die Frau, die dort am Fenster sitzt?«

In diesem Moment kommt Fräulein Inge zurück. »Ich verstehe das nicht«, sagt sie ratlos. »Ich kann sie nirgends ... Oh ... ja, da ist sie ja.« Sie streichelt verständnisvoll meinen Arm.

»Lassen Sie mich kurz Luft holen«, japse ich.

»Machen Sie nur«, sagt sie. »Wir haben es nicht eilig. Ich ahne, wie Ihnen zumute ist.«

Meine Stirn ist schweißbedeckt, ich bekomme kaum noch Luft. Eva drückt meinen Arm. »Nur Mut. Ich bin bei dir ...«

Ich hebe den Blick und finde die Kraft, meine Mutter erneut anzusehen.

Sie sitzt in einem Sessel und wirkt geistesabwesend. Ihre Hände liegen auf den Armlehnen, kraftlos, matt – eine Mattigkeit, die mir ans Herz geht, die Mattigkeit eines verwirrten Menschen, verloren in einem tonlosen, farblosen Nichts. Sie rührt sich nicht, fast als fürchte sie, bei der geringsten Bewegung von einem bodenlosen Abgrund verschlungen zu werden. Ich bin bestürzt, ergriffen, ohnmächtig.

Sie starrt auf eine Reihe Platanen vor dem Fenster, doch ihr Blick ist leer. Sie schaut, aber sie sieht nicht.

»Los, geh zu ihr, sprich sie an«, drängt mich meine Kusine freundlich.

Aber ich bin wie gelähmt; meine Beine zittern, mein Herz hämmert. Ich atme stoßweise, mein Blick ist getrübt.

Nein, das hatte ich nicht erwartet, daß der bloße Anblick meiner Mutter mich derart mitnehmen würde. Wird es mir je gelingen, das Gefühlschaos zu beschreiben, mit dem ich in diesem Augenblick ringe?

Ich hole einmal tief Luft, um meine Nerven wieder unter Kontrolle zu bekommen.

»Los, geh schon zu ihr«, sagt Eva noch einmal.

Mühsam mache ich ein paar Schritte. Dann presse ich die Lippen zusammen und marschiere entschlossen auf meine Mutter zu. Ich bleibe direkt vor ihr stehen, damit sie gezwungen ist, mich anzusehen.

So, jetzt sind wir einander gegenüber. Sie ist alt, mager, unfaßbar zerbrechlich. Ich schätze, daß sie kaum mehr als vierzig Kilo wiegt – sie, die vor siebenundzwanzig Jahren noch eine robuste, kerngesunde Frau war. Unendliches Mitleid überkommt mich, ich kann es nicht verhindern.

Plötzlich heftet sie ihre tiefblauen Augen auf mich. Daß sie so blau waren, habe ich gar nicht mehr gewußt, aber ihr Blick wirkt gläsern, kalt und leer.

Das Gesicht ist spitz und abgemagert, ihre Haut fahl und durchscheinend, die Nase dünn und scharf. Obwohl sie sitzt, wirkt ihr Körper wie eine leere Eierschale, die jeden Moment zerbrechen könnte. Ihre Schultern sind schmächtig, der Brustkorb ist eingefallen. So wirst du selbst bald aussehen, denke ich mit Grauen.

Ich beuge mich ein wenig vor, um die Leere in ihrem Blick zu brechen. Meine Augen versinken in ihren Augen, in den Augen meiner Mutter.

Eine Weile geschieht gar nichts.

Dann regt sich plötzlich etwas auf dem Grund ihrer Pupillen – ein kaum wahrnehmbares Aufleuchten, ein Flackern. »Ich habe dich schon mal gesehen«, sagt eine Stimme, an die ich mich so nicht erinnere, eine trockene, brüchige Greisenstimme.

Das Herz schlägt mir bis zum Halse.

»Bist du meine Schwester?« fragt sie, mehr an sich selbst als an mich gewandt. Doch sie verwirft diese Möglichkeit sofort wieder. »Nein, die ist ja tot«, murmelt sie düster und wedelt mit der Hand, als wolle sie den lästigen Gedanken verscheuchen.

»Ich bin deine Tochter.«

»Wer?« fragt sie und neigt lauschend den Kopf zur Seite, als versuche sie angestrengt, ein weit entferntes Geräusch wahrzunehmen. Dann jedoch schüttelt sie ihn energisch und erklärt: »Meine Tochter ist auch tot.«

Darauf zieht sie die Schultern hoch und beginnt, aufmerksam ihre Finger zu studieren; man könnte meinen, sie sähe sie zum erstenmal.

Ihre langen, weißen Hände sind knochig und greisenhaft. Irgendwie ekeln sie mich. Einen Moment lang schäme ich mich dafür, aber was soll ich machen? Ich habe nicht gelernt, sie in ihrem allmählichen Dahinwelken zu lieben.

»Ich bin deine Tochter«, wiederhole ich, indem ich mühsam den Blick von diesen Händen losreiße.

»NEIN!« erwidert sie starrsinnig. »Meine Tochter ist seit langem tot.«

An diesem Punkt fasse ich sie unterm Kinn, hebe ihr Gesicht zu mir hoch und sage klar und deutlich: »Sieh-mich-an, ich-bin-deine-Tochter.«

Und dann ziehe ich, ohne ihr eine Pause zu gönnen, den Plüschbären aus der Tasche und halte ihn vor ihre Nase.

Ich habe den abgewetzten Bären, ein rührseliges Andenken an meine frühe Kindheit, am Vortag von Frau Freihorst, der Freundin meiner Mutter, bekommen.

Frau Freihorst ist eine seriös wirkende, rundliche kleine Dame, die nach Zimt und Seife riecht und einige Jahre jünger sein muß als meine Mutter. Sie hat Eva und mich in ihrer Wiener Altbauwohnung voller Nippes und Häkeldeckchen mit geradezu überschwenglicher Herzlichkeit empfangen.

Sie erzählte uns, daß sie Traudi, wie sie meine Mutter liebevoll nannte, seit mehr als vierzig Jahren kenne und ihrer Vergangenheit wegen nie verurteilt habe, denn das stehe ihr nicht zu. Dagegen habe sie voller Sorge mitverfolgt, wie sie geistig immer stärker abbaute, und letzten Endes sei das auch der Grund gewesen, weshalb sie mir geschrieben habe.

Mit einem verschmitzten Lächeln zeigte sie uns Fotos von sich und meiner Mutter aus den Jahren, in denen sie noch einen festen Bekanntenkreis hatten – Witwer, Geschiedene und unverbesserliche Junggesellen, wie sie augenzwinkernd hinzufügte.

Ihre Freundschaft mit Traudi war eine jener soliden Beziehungen, wie sie zwischen Menschen von unterschiedlichem, um nicht zu sagen gegensätzlichem Temperament gar nicht so selten vorkommen. Frau Freihorst bezeichnete meine Mutter als sehr lebhaft und ein bißchen närrisch, aber sie mochte ihre Vitalität und Unternehmungslust, die im Lauf der Jahre freilich immer mehr nachgelassen hatten.

Die Lebensgeschichten der beiden haben nichts Gemeinsames: Der Fanatikerin steht die brave Bürgerin gegenüber, die Hitler einen Mann und zwei Söhne für seinen Krieg geopfert hat. Überhaupt hat sich Frau Freihorst dem, was über sie und ihr Land hereingebrochen war, stets widerstandslos gefügt. »Wir haben es nicht anders gewollt«, gestand sie uns mit wehmütiger Offenheit. »Auch ich habe für den Anschluß Österreichs gestimmt, und als Hitler in seinem offenen Mercedes durch Wien fuhr, habe ich ihm ein Blumensträußchen zugeworfen.«

Frau Freihorst entschuldigte sich mehrmals dafür, mir geschrieben zu haben. Sie habe es aus Freundschaft getan, nicht um sich in Dinge einzumischen, die sie nichts angingen. »Noch geht es Ihrer Mutter körperlich gut«, meinte sie mit feuchten Augen, »aber bei so alten Menschen weiß man nie. Traudi kann eines Abends einschlafen und einfach nicht wieder aufwachen. Na ja, und da dachte ich, es wäre doch schön, wenn Sie sich noch einmal wiedersehen, ein allerletztes Mal ...«

»Sie haben recht, und ich bin Ihnen sehr dankbar, Frau Freihorst, glauben Sie mir«, bemühte ich mich, so überzeugend wie möglich zu versichern.

Darauf begann sie Eva und mir zu erzählen, was sich nach meinem Besuch im Jahr 1971 ereignet hatte. Meine Mutter begann nämlich mit einem Male, mir, meinem Bruder und unserem Vater gegenüber Schuldgefühle zu entwickeln – etwas ihr bis dahin völlig Unbekanntes. Zunächst irritierte sie das sehr, und sie versuchte, diese Gefühle zu verdrängen; dann aber legte sie ein immer absonderlicheres Verhalten an den Tag, nicht von heute auf morgen, sondern ganz allmählich, schleichend, wie sich ein Krebsgeschwür im Körper ausbreitet.

»Es begann damit«, fuhr Frau Freihorst bekümmert fort, »daß sie plötzlich anfing, alles, was irgendwie mit ihrem Mann oder ihren Kindern zu tun hatte, aus der Wohnung zu entfernen – Fotos, Unterlagen, persönliche Gegenstände. Es war der reinste Wahn.«

»Was meinen Sie mit ›entfernen‹?« fragte ich.

»Nun, sie warf nach und nach alles in den Mülleimer, und zwar zusammen mit nagelneuem Zeug.«

»Wie, mit nagelneuem Zeug?« fragte ich verdutzt.

»Na ja, das war Teil des Rituals: Sie mußte ihre Dinge zusammen mit Sachen wegwerfen, die sie eigens dafür kaufte. Und was sie nicht alles kaufte! Schuhe, Bücher, Schlafanzüge, Geschirr, Kleider, Fußabtreter ... Eines Tages hat sie sogar einen Kaktus angeschleppt, stellen Sie sich vor, einen riesigen Kaktus – der kurz darauf ebenfalls im Abfall landete. Und das war noch gar nichts gegen den Fotoapparat, eine von diesen Polaroidkameras – auch die mußte dran glauben. Sie haben keine Ahnung, was das alles nach sich zog. In der Nachbarschaft sprach sich natürlich in Windeseile herum, daß Ihre Mutter nagelneues Zeug wegwarf. Die Leute haben sich förmlich um ihre Mülltonne gerissen, jeder wollte der erste sein und die schönsten und teuersten Sachen rausziehen. Um den Kaktus haben sich zwei alte Damen gezankt, und zwar so heftig, daß eine von ihnen dabei stürzte und sich den Kopf aufschlug, das ganze Pflaster war voll mit Blut. Man rief sofort einen Krankenwagen, aber die Sanitäter kamen vor lauter Schaulustigen kaum durch – ein jämmerliches Schauspiel. Und das alles wegen eines Kaktus!«

Ich war bestürzt, aber Frau Freihorst achtete nicht weiter darauf.

»Ich weiß nicht, ob es für Traudis Verhalten einen psychiatrischen Fachausdruck gibt, aber meiner Ansicht nach handelte es sich um eine Art Bestattungsritual. Ja, Ihre Mutter trug Sie, Ihren Bruder und Ihren Vater auf symbolische Weise zu Grabe, und zwar, um ihre Schuldgefühle loszuwerden. Wer tot ist, kann keine Fragen stellen, keine Erklärungen fordern, begreifen Sie?«

»Keiner von uns wollte ihr noch irgendwelche Fragen stellen«, wandte ich ein.

»Das konnte sie ja nicht wissen. Weiß Gott, was im Kopf der Ärmsten damals vor sich ging.«

»Und später hat sich ihr Zustand gebessert?« fragte ich.

»Ja, aber sie mußte ständig behandelt werden. Ich habe sie dreimal in der Woche zum psychiatrischen Notdienst unseres Stadtviertels begleitet. Etwa in dieser Zeit begann auch ihr Sauberkeitswahn.«

»Wie meinen Sie das?«

»Na ja, sie putzte von morgens bis abends ihre Wohnung. Sie putzte und putzte, schüttete eimerweise Wasser auf den Boden, manchmal lief es bis ins Treppenhaus hinaus. Sie ging geradezu blindwütig zu Werke. Die Sozialarbeiter redeten auf sie ein, versuchten, sie davon abzubringen, aber es half nichts.«

»Und was hatte das zu bedeuten?«

Die Frau zuckte mit den Schultern. »Tja, wer weiß ... Vielleicht wollte sie ihre Vergangenheit reinwaschen, alles ... Häßliche daraus fortspülen. Diese Phase dauerte rund ein Jahr, danach war der Spuk vorbei, ganz abrupt, von einem Tag auf den anderen. Eine Zeitlang war Traudi recht ausgeglichen, sie schien mir sogar fast wieder die alte. Aber dann begannen die Probleme mit ihrem Kurzzeitgedächtnis ... am Anfang war die Geschichte mit dem Zucker.«

»Mit dem Zucker?«

»Ja. Sie kaufte tagelang immer wieder Zucker ein, manchmal häufte sie bis zu zehn Kilo an. Und genauso war es mit dem Brot. Eines Morgens habe ich in ihrer Küchenbank Unmengen davon entdeckt – sie mußte es kiloweise eingekauft haben, und zwar über mindestens eine Woche hinweg. Aber es kam noch schlimmer. Traudi fand jetzt oft nicht mehr nach Hause zurück, wenn sie ausging. Sie hatte immer einen Zettel mit meiner Telefonnummer in der Handtasche, damit man mich notfalls zu Hilfe rufen konnte. Wenn Sie wüßten, wie oft ich sie an den unmöglichsten Orten abgeholt habe. Einmal ist sie beispielsweise in ein Bestattungsinstitut gegangen und hat dort einen weißen Sarg für ein kleines Mädchen bestellt ... mit allem Drum und Dran. Und danach wollte sie nicht mehr fort, setzte sich einfach auf einen Stuhl und schwieg düster vor sich hin. Als die Leute nach einer Weile Anstalten machten, die Polizei zu rufen, zog sie den Zettel mit meiner Telefonnummer aus der Tasche. Und ich hab sie halt wieder mal mit dem Taxi abgeholt ... Übrigens immer auf meine Kosten«, fügte Frau Freihorst mit einem nachsichtigen Schmunzeln hinzu. Dann schwieg sie eine Weile grüblerisch.

»Aber ich denke lieber an die Zeiten, in denen es ihr nicht ganz so schlecht ging«, fuhr sie endlich fort. »Manchmal brachte sie mich richtig zum Lachen. Nach den Bestattungsritualen hat sie beispielsweise angefangen, über ihre Kinder und ihren Exmann Stefan zu sprechen, und zwar immer in der Vergangenheitsform. Einmal sagte sie: Vielleicht ist es ein Glück, daß meine Tochter so früh gestorben ist; ich hätte es nicht ertragen, die Mutter einer ...« Frau Freihorst unterbrach sich und kicherte verlegen. »Nein, das darf ich nicht sagen.«

»Doch, machen Sie ruhig«, erwiderte ich.

»Sie meinte, sie hätte es nicht ertragen, Mutter einer ›alten Schachtel‹ zu sein.«

»So hat sie sich ausgedrückt?« fragte ich ein wenig gekränkt.

Frau Freihorst nickte. »Ja. Traudi war immer eine ziemlich ... eitle Dame. Sie wollte nicht altern.«

Meine Mutter starrt mit einer Mischung aus Staunen und Ungläubigkeit auf den Plüschbären, den ich ihr hinhalte.

»Das ist Zakopane«, sagt sie dann langsam und mit weinerlicher Stimme. »Sie müssen ihn gestohlen haben, er gehörte meiner Tochter ... Wo haben Sie ihn her?«

»Ich habe ihn nicht gestohlen«, erwidere ich. »Er gehört mir.«

»Er gehörte meiner Tochter!« widerspricht sie energisch.

»Ich bin deine Tochter.«

Sie schüttelt den Kopf und verbirgt einen Moment lang das Gesicht in den Händen. Die Zuckungen ihres Oberkörpers könnten darauf hindeuten, daß sie weint, aber dem ist nicht so. Als sie den Kopf wieder hebt, murmelt sie ernst und bei scheinbar klarem Verstand: »Dieser Bär heißt Zakopane, weil Stefan und ich ihn in Zakopane in Polen gekauft haben. Wir wollten jemanden abholen ...« Aber schon ist sie wieder in Schwierigkeiten. »Wir wollten zwei Personen abholen ...«

»Eure Kinder wolltet ihr abholen«, sage ich, um ihr auf die Sprünge zu helfen. »Eure Kinder, Helga und Peter.«

Berlin, Juli 1941. Das zweite Kriegsjahr.

Meine Großeltern verwalteten ein Gut in Polen, glücklicherweise als »annektierte Österreicher« und nicht als Einheimische. Die Polen gehörten für die Nazis einer minderwertigen Rasse an, was so weit ging, daß sie nicht auf »heiligem Boden« bestattet werden durften; trotzdem fürchteten Hitler und seine Genossen die unbequeme örtliche Intelligenz und beschlossen kurzerhand, sie auszurotten. Auch ein guter Freund meiner Großeltern, ein Politiker aus dem radikalen Lager, fiel der nationalsozialistischen Niedertracht zum Opfer. Er wurde vor dem Rathaus von Breslau ermordet.

Eines Tages kam meine Großmutter auf die Idee, uns in Berlin einen Überraschungsbesuch abzustatten; sie traf nur mich und meinen kleinen Bruder in der Obhut einer Unbekannten an. Das Mädchen erklärte ihr, »die gnädige Frau«, also meine Mutter, habe viele politische Verpflichtungen und rufe sie oft, um auf die beiden Engelchen aufzupassen. Tatsächlich war es nicht das erstemal, daß wir fremden Leuten anvertraut wurden. Meine Großmutter, die das bereits geahnt hatte, bezahlte das Kindermädchen wutentbrannt und schickte es heim.

Danach warteten wir den ganzen Nachmittag auf die Rückkehr meiner Mutter – vergeblich. Gegen elf Uhr nachts gab es einen Fliegerangriff. Schlaftrunken wankten wir in den Luftschutzkeller.

Im Morgengrauen war meine Mutter noch nicht zurück. Gegen neun machte uns Großmutter das Frühstück. Sie hatte glücklicherweise ein paar Vorräte aus Polen mitgebracht – unsere Speisekammer war so gut wie leer –, darunter Pulvermilch, die ich haßte. Ich kann mich dunkel erinnern, daß Großmutter mir auf meinen Protest hin zu erklären versuchte, daß man im Krieg gewisse Entbehrungen ertragen müsse. Mehr als ihre Worte, die ich nur bedingt verstand, war es ihre ruhige, gelassene Stimme, die mich tröstete. Zu der Zeit war meine Großmutter, obwohl sie den Führer zutiefst verachtete, noch ziemlich optimistisch, was den Ausgang des Krieges betraf; jedenfalls konnte sie sich mit Sicherheit nicht vorstellen, in was für einer Katastrophe dies alles enden würde.

Nach dem Frühstück beschloß sie, uns zur Ablenkung etwas vorzulesen; auf der Suche nach einem Märchenbuch begaben wir uns ins Arbeitszimmer meines Vaters, der damals bereits an der Front war. Märchenbücher fanden wir dort nicht, dafür aber eine riesige Kiste, randvoll mit Hitlers *Mein Kampf*. Vermutlich sollte meine Mutter die Bücher unters Volk bringen – das nationalsozialistische Credo wurde damals überall in Deutschland verteilt; so bekam auch jedes junge Paar zur Vermählung eine Ausgabe geschenkt.

Meine Großmutter holte eins der Bücher aus der Kiste, drehte es eine Zeitlang in ihren kräftigen Bäuerinnenhänden und sagte dann: »Pfui!« Eine Bemerkung, die ihr in der Öffentlichkeit mindestens eine Anklage wegen Verrats eingebracht hätte, wenn nicht noch Schlimmeres.

Als meine Mutter endlich nach Hause kam, wurde sie mit zornig erhobenen Fäusten von der Großmutter empfangen. Es gab einen Krach, bei dem förmlich die Wände wackelten. Meine Mutter war anschließend wie gelähmt – was hätte sie auch einwenden können, war sie doch wieder einmal »auf frischer Tat ertappt« worden von dieser Schwiegermutter, die noch nie ein Hehl aus ihrer Abneigung gemacht hatte. Die Entschuldigung, als Mitglied der SS müsse sie jederzeit verfügbar sein, wenn der Reichsführer sie rufe, ließ unsere Großmutter natürlich nicht gelten.

Auch alle anderen Ausflüchte halfen nichts: Großmutter, die bereits unsere Sachen gepackt hatte, fuhr noch am selben Tag mit uns nach Polen.

Meine Mutter beginnt plötzlich, mich vorsichtig zu mustern. Ich lächle sie an, aber sie bleibt ernst. Ja, sie schlingt ihre Arme um den Oberkörper, als habe sie Angst. Ein Zittern durchläuft ihre Glieder, dann spannt sie die Gesichtsmuskeln an und verzieht die Lippen zu einer seltsamen Grimasse. »Wer sind Sie?« fragt sie schließlich mit düsterer Stimme.

»Ich bin deine Tochter«, erwidere ich ruhig.

Auf einmal reißt sie mir den Bären aus der Hand und drückt ihn sich an die Wange. »Den haben wir in Zakopane gekauft«, murmelt sie nach langem, angestrengtem Nachdenken. »Zusammen mit ... mit noch etwas anderem.« Sie bleibt stecken.

»Zusammen mit einem Plüscheichhörnchen für Peter«, helfe ich nach.

Sie nickt wie im Traum. »Ja, zusammen mit einem Eichhörnchen. Wir wollten unsere Kinder zurückholen. Meine Schwiegermutter hatte sie nämlich einfach mitgenommen, die alte Hexe. Danach hat sie Stefan an die Front telegrafiert, und der mußte seinen Weihnachtsurlaub vorziehen, damit wir die Kinder abholen konnten. Er war schrecklich wütend, aber es war alles ihre Schuld. Sie hat mich gehaßt, und ich ... habe sie gehaßt. Und dann ...«

Sie wirft einen letzten Blick auf den Teddybären und steckt ihn dann in die Tasche ihres Wollkleids, grau wie eine Uniform. »Peter ist tot«, sagt sie und starrt mich finster an.

Ich beschließe, ihr im Augenblick nicht zu widersprechen. Statt dessen frage ich sie in beinahe traurigem Ton: »Erinnerst du dich wirklich nicht an mich?«

Sie schüttelt eigensinnig den Kopf, als würde meine Frage sie irritieren, dann aber erscheint auf den zitternden Lippen plötzlich ein Lächeln. »Du bist Helga?«

Ich nicke gerührt.

Wie gerne hätte ich »ja, Mutti« gesagt, aber das brauchte ich gar nicht zu versuchen. Ich bin es nicht gewohnt. Als ich sie zuletzt so genannt habe, war ich vier Jahre alt; danach ist mir das Wort »Mutti« nie wieder über die Lippen gekommen. Ursula wollte um alles in der Welt so von mir genannt werden: »Jetzt bin ich deine Mutter!« schrie sie mich an. »Sag gefälligst Mutti zu mir!« Aber ich brachte es nicht fertig. So sehr ich mich auch anstrengte, ich schaffte es nicht, dieses Wort auszusprechen, und Ursula bestrafte mich dafür. Manchmal schickte sie mich ohne Abendessen ins Bett. »Du kriegst erst was zu essen, wenn du mich Mutti nennst!« Andere Male schlug sie mich mit dem Stock oder sperrte mich stundenlang ins abgedunkelte Arbeitszimmer meines Vaters. Sie versuchte es mit allen Mitteln, aber sie entlockte mir kein einziges Mal das Wort »Mutti«. Ich war ein Dickkopf, und vor allem: Ich lehnte sie rigoros ab, diese Stiefmutter. In der ersten Zeit nach dem »Verschwinden« meiner Mutter hatte Großmutter sich um Peter und mich gekümmert; ich sehnte mich nach ihr zurück und wollte nur sie. Ursula war mir zuwider – kein Wunder, sie mochte vom ersten Augenblick an nur meinen Bruder Peter, den süßen kleinen Lockenschopf, und sie hat auch nie ein Geheimnis daraus gemacht. Nicht einmal in Momenten äußerster Not wollte sie mir ein wenig Zuneigung schenken, etwa als die Lage in Berlin so brenzlig wurde, daß wir gezwungen waren, mit sämtlichen Hausbewohnern monatelang im Keller auszuharren, ohne Trinkwasser, ohne Licht, ohne sanitäre Einrichtungen, mit winzigen Mengen rationiertem Essen von übelster Qualität.

Eines Morgens wachten wir in unserem Kellerinferno auf und waren alle mit roten Punkten übersät: In unseren Strohsäcken hatten sich Wanzen eingenistet! Selbst in dieser schlimmen Situation ließ meine Stiefmutter mich noch spüren, daß sie mich haßte, ja, mehr noch, daß sie mir weh tun wollte. Wie? Indem sie mir die kostbare Salbe vorenthielt, die den entsetzlichen Juckreiz linderte – die Salbe müsse für alle Kellerbewohner reichen, sagte sie. Ich war also die einzige, die fortfuhr, sich Tag und Nacht zu kratzen.

Irgendwann kam jedoch Ursulas Vater, den ich sehr mochte und liebevoll »Opa« nannte, hinter die Sache. Er stauchte seine Tochter fürchterlich zusammen, nannte sie niederträchtig und gemein, was er wohl noch nie getan hatte. Obwohl sie mir die Salbe daraufhin gab, hörte ich doch als letzte auf, mich zu kratzen. Davon abgesehen, war ich ernsthaft in Gefahr, und »Opa« hatte das begriffen: Ohne Medikamente und bei den katastrophalen hygienischen Verhältnissen, die in unserer Kellerbehausung herrschten, wären meine Kratzwunden bald vereitert, mit möglicherweise fatalen Folgen.

»Helga ist auch tot«, sagt meine Mutter, aber ihre Stimme klingt schon unsicherer. Sie sieht mich an: »Bist-du-Helga?«

»Ja«, erwidere ich zum drittenmal. »Ich bin Helga, deine Tochter.«

Und wieder würde ich gerne »Mama« hinzufügen, bringe es aber nicht fertig.

Die einzige Frau in meinem Leben, die ich so genannt habe, war Frau Heinze, die Rektorin des Internats, in das meine Stiefmutter mich mitten im Krieg verbannte, weil ich angeblich bösartig und aufsässig war. Wir durften diese Frau »Mama Heinze« nennen, und ich tat es mit Begeisterung, denn sie war sehr gut zu uns, wenn auch streng. Abends sang sie für uns Brahms' Schlaflied:

Guten Abend, gute Nacht,
mit Röslein bedacht,
mit Näglein besteckt,
schlupf unter die Deck ...

Plötzlich beugt sich meine Mutter zu mir vor und reißt die Augen auf. Ich nehme ihren Geruch wahr, es ist der Geruch einer alten Frau. Nur ihr Haar duftet nach Apfel, was wohl vom Shampoo kommt. Schließlich streicht sie mir langsam über die Wange, während ihr Mund seltsame Laute von sich gibt, als zähle sie leise oder sage eine auswendig gelernte Lektion her. »Helga!« ruft sie dann aus.

Und fährt zurück. »Das ist Helga! Meine Tochter ist gekommen! Das ist wirklich sie, schaut sie an!« verkündet sie begeistert.

Darauf beginnt sie sich zu recken und zu strecken und herumzufuchteln wie eine außer Kontrolle geratene Marionette. »Kommt alle her!«

Sie schreit jetzt regelrecht. Eine ganze Schar von Neugierigen nähert sich uns rücksichtsvoll.

Meine Mutter deutet auf mich, schluchzt und lacht, ist fassungslos und verwirrt. Unsere Zuschauer lächeln, halb belustigt, halb gerührt.

Dann verstummt sie, legt den Kopf auf den Unterarm und beginnt Rotz und Wasser zu heulen, hemmungslos wie ein kleines Kind. Ihr Oberkörper bebt. Die Gesichter der Leute, die uns beobachten, wirken jetzt betreten.

Ich versuche, sie abzulenken. »Erinnerst du dich noch an Eva?«

Meine Mutter hebt den Kopf und hört wie auf Knopfdruck auf zu weinen. »Eva?« wiederholt sie.

»Ja, meine Kusine«, sage ich.

»Deine Kusine?« fragt sie ungläubig.

»Ja, das ist sie«, erwidere ich. »Eva aus Berlin.«

Meine Mutter heftet ihren Blick auf Eva; er verrät nicht die geringste Spur von Wohlwollen. »Ihre Eltern waren reiche Leute«, sagt sie mit einem Anflug von Feindseligkeit in der Stimme. »Er war in der Partei«, fügt sie dann etwas freundlicher, fast anerkennend hinzu.

Sie denkt einen Augenblick nach, dann fragt sie Eva völlig unvermittelt: »Stimmt's, daß dein Vater in der Partei war und von der ersten Minute an Mitglied der SA?«

Eva ist wie vor den Kopf gestoßen – mit einem so direkten Angriff hatte sie nicht gerechnet. Sie antwortet jedoch mit bewundernswerter Geistesgegenwart: »Nein, mein Vater war nie in der SA.«

»Aber er war in der Partei!« beharrt meine Mutter.

Eva nickt kaum merklich.

»Und sein Unternehmen gehörte zur Hälfte einem Juden«, verkündet meine Mutter triumphierend. »Wie hieß der noch gleich?«

Die Richtung, die unser Gespräch da nimmt, gefällt mir gar nicht; ich versuche, das Thema zu wechseln. »Kannst du dich noch an Evas Mutter erinnern? Eva hat ein Foto, auf dem auch du drauf bist, im Garten ihrer Villa, du trägst einen wunderschönen Sonnenhut ...«

»Stehe ich neben Margarete?« fragt meine Mutter finster.

»Ja.«

»Margarete mochte mich nie besonders. Kein Wunder«, meint sie grollend, »Parteigenossinnen wurden damals grundsätzlich schief angesehen.« In erster Linie denkt sie dabei natürlich an sich selbst, aber sie will die Sache offensichtlich nicht vertiefen. »Egal«, sagt sie. »Wie geht es ihr? Sie müßte inzwischen sehr alt sein.«

Eva bringt kein Wort heraus. Was hätte sie auch antworten sollen? Daß ihre Mutter unmittelbar nach Kriegsende in Berlin von vier Russen vergewaltigt wurde, noch dazu vor ihren Augen? Daß sie einen so schweren seelischen Schaden davongetragen hat, daß sie sich kurze Zeit später mit vierzig Tabletten Veronal das Leben nahm?

»Also«, hakt meine Mutter nach, »wie geht es der alten Margarete? Falten und Gebiß?«

Ihr grausames Grinsen ist abstoßend.

Eine Sekunde später schlägt sie sich mit der Hand an die Stirn und kreischt: »Silberberg! So hieß der Jude, mit dem dein Vater eine Firma hatte! Was stellten sie noch gleich her ... Warte mal ... Ach, es fällt mir jetzt nicht ein. Silberberg, habe ich recht?«

Ihr boshafter Ton widert mich an.

»Und als dann die Nürnberger Gesetze erlassen wurden, hat dein Vater ihn aus der Firma rausgeworfen, stimmt's?«

Eva ist kreidebleich. »Ich war damals noch gar nicht auf der Welt«, bringt sie heraus. Beneidenswerte Selbstbeherrschung!

»Aber von diesem Silberberg hat er dir bestimmt erzählt! Er hat ihn rausgeworfen, gib's ruhig zu, schließlich war er ein treuer Parteigänger, dein Vater, vergiß das nie, meine Liebe.«

Sie läßt nicht locker, ereifert sich immer mehr. Ich bin entsetzt. Meine Hände jucken, und da merke ich, daß ich ja noch den verdammten Blumenstrauß in der Linken halte. Ich reiche ihn ihr.

Meine Mutter platzt schier vor Freude, sie jauchzt und schluchzt, zeigt den Strauß allen Umstehenden, und die sind inzwischen ein beachtliches Trüppchen. Ich komme mir vor wie auf einer Bühne – als unfreiwillige Hauptdarstellerin eines drittklassigen Melodrams. Die rührselige Szene erscheint mir vulgär und lächerlich. Alles läuft ganz anders, als ich es mir vorgestellt habe. Wäre ich doch irgendwo, weit, weit weg. Es hat mich so viel gekostet, mich zu diesem Besuch durchzuringen, und ich bin in der besten Absicht gekommen, aber diese Frau, meine Mutter, läßt es mich bereuen.

Ich betrachte sie. Sie zieht jetzt einzelne Blumen aus dem Strauß und wirft sie den Schaulustigen zu – senil und pathetisch, grausam und romantisch. So waren sie, die Mitglieder des schwarzen Ordens von Heinrich Himmler, Männer wie Frauen.

Ich habe ein flaues Gefühl im Magen. Die Luft ist abgestanden, ich brauche Sauerstoff.

Fräulein Inge scheint Gedanken lesen zu können, denn sie öffnet das Fenster. Aber meine Mutter fährt plötzlich herum, sieht Eva an und schreit freudestrahlend: »Jetzt weiß ich, wo ich diesen Silberberg wiedergesehen habe. Im Lager! Er hat doch tatsächlich die Frechheit besessen, bei seiner Ankunft in der Aufnahmebaracke nach mir zu fragen ...«

Sie sieht sich um, als erwarte sie Applaus.

»Und das bloß, weil wir uns einmal kurz in eurer Villa begegnet sind!« Bei diesen Worten wirft sie Eva einen anklagenden Blick zu. »Dachte, ich behandle seine Tochter deshalb besser als die andern, rette sie womöglich vor dem Rattengift!« Sie lacht schrill auf und zwinkert den Umstehenden zu.

Ich kenne die Geschichte.

Silberberg ist zusammen mit seinen greisen Eltern, einer schwerkranken Frau und drei Kindern im Alter von fünf, sechs und dreizehn Jahren nach Birkenau deportiert worden. Die Älteste, Edith, wurde zur Zwangsarbeit in einer Munitionsfabrik in der Nähe des Lagers eingeteilt und überlebte Auschwitz als einziges Mitglied der Familie. 1968 kam es in Berlin zu einer ergreifenden Begegnung zwischen Eva und ihr. Edith hatte nach dem Krieg einen Musiklehrer geheiratet, der liebevoll neben ihr wachte, wenn nachts die Alpträume kamen. Lange Zeit konnte sie kaum Nahrung zu sich nehmen und litt unter schweren Panikattacken. Erst nach jahrelanger Psychotherapie fand sie zu einem halbwegs stabilen inneren Gleichgewicht zurück. Ihr Vater war unmittelbar nach der Ankunft in Birkenau in eines der gefürchteten Außenlager verlegt worden und wenige Monate später gestorben. Häufig wurde in diesen Lagern unter Tage gearbeitet, die Gefangenen mußten Tunnel in den Felsen graben. Kleidung und Ernährung waren schlecht und völlig unzureichend, die hygienischen Zustände katastrophal; wer nicht an Typhus starb, verreckte an Cholera oder Fleckfieber; nur sehr wenige überlebten das Inferno. Silberbergs Eltern, seine kranke Frau und die kleinen Kinder wurden sofort vergast.

Ich bin schon jetzt am Ende meiner Kraft und werfe Fräulein Inge einen verzweifelten Blick zu – die daraufhin energisch durchgreift.

Als erstes schickt sie die Neugierigen weg, die uns umringen, dann versucht sie, meine Mutter mit einem Ablenkungsmanöver zu überrumpeln. »Darf ich den Bären mal sehen?« fragt sie und deutet auf die Tasche meiner Mutter.

»Nein, der gehört mir!« erwidert meine Mutter, trotzig wie ein Kind.

»Nur einen Moment«, sagt Fräulein Inge lächelnd.

»Nein, ich will nicht!« antwortet meine Mutter gereizt.

Plötzlich ändert sie jedoch die Taktik, macht ein sanftes, hilfloses Gesicht und versucht sich mit einem Lächeln bei mir einzuschmeicheln.

»Ich darf ihn doch behalten, nicht?« fragt sie mit Blick auf den Bären. »Ich will nicht, daß sie ihn bekommt, ich will nicht, ich will nicht.«

Fräulein Inge gibt vor, ihr den Bären aus der Tasche ziehen zu wollen, aber meine Mutter packt sie zu meiner großen Verblüffung blitzschnell am Arm. »Ha, noch kriegen Sie mich nicht dran! So altersschwach bin ich noch nicht.«

Während des kurzen Handgemenges ist der Plüschbär auf den Boden gefallen. Meine Mutter deutet erregt auf ihn: »Der Bär, ich will den Bären, hebt ihn mir auf! Er gehört mir, niemand anders soll ihn haben.«

Eva bückt sich nach dem Bären und reicht ihn meiner Mutter. Die nutzt die Gelegenheit, um sie anzusprechen. »So, so, du bist also Eva, die Tochter von Ludwig und Margarete«, sagt sie und mustert sie geradezu unverschämt. »Ja«, meint sie dann, »früher mußt du mal ziemlich hübsch gewesen sein, aber jetzt bist du alt.«

Mein Adrenalinspiegel steigt sprunghaft an; ich würde gern eingreifen, bin aber nicht dazu imstande.

»Margarete war auch hübsch«, fährt meine Mutter fort – von Gedächtnisverlust plötzlich keine Spur mehr. »Aber sehr eitel! Sie hat sich die Brüste verkleinern lassen; nur daß die Ärzte sich damals mit so was noch nicht besonders gut auskannten. Margaretes Chirurg war jedenfalls eine Niete. Sie hat entsetzliche Narben davongetragen. Nach der Operation war alles ein einziger Eiterherd.«

Sie grinst. »Tja, ich hatte das nicht nötig... und um Krankenhäuser habe ich sowieso immer einen Riesenbogen gemacht.«

Sie neigt den Kopf zur Seite, fährt sich mit der Zunge über die bläulichen Lippen und kommt auf etwas anderes zu sprechen: »Was ist aus eurer Villa geworden?«

»Sie wurde bombardiert«, erwidert Eva.

»Ach ja, ich erinnere mich: Dein Vater hat auf eurem Grundstück einen Speer-Bunker bauen lassen.«

Das stimmte, und dieser Bunker hatte Eva, ihrer Mutter, zwei Hausangestellten und der Katze Berny das Leben gerettet.

Das geniale kleine Bauwerk, das seine Bewohner vor Bomben schützte, war von Albert Speer, dem Architekten des Führers und späteren Reichsminister für Bewaffnung und Munition, entworfen worden. Es hatte natürlich ein Heidengeld gekostet und war nur für sehr wohlhabende Leute erschwinglich gewesen.

Meine Mutter grinst hämisch. »Ein Glück, daß dein Vater soviel Geld hatte«, meint sie und versetzt Eva einen Schlag auf die Schulter, »sonst wärst du jetzt nicht mehr hier.«

Im nächsten Augenblick runzelt sie die Stirn. »Speer ... dieser Verräter«, keift sie voller Ingrimm. »Eine Schande, daß er mit Gefängnisstrafe davongekommen ist – hängen hätten sie ihn sollen!«

Sie blickt immer finsterer drein, als wäre dies alles brandaktuell.

»Wollte doch tatsächlich den Führer ersticken, dieser Halunke, und mit ihm alle anderen Bewohner des Bunkers«, fährt sie erbittert fort. Ohne es selbst zu merken, ist sie in die Vergangenheit abgeglitten.

Speer trug sich wirklich mit dem Gedanken, Hitler umzubringen, und zwar indem er Giftgas in das Belüftungssystem des Führerbunkers einleitete. Ich kriege jedesmal eine Gänsehaut, wenn ich diese Geschichte höre, und das hat einen Grund: Auf Vermittlung von Ursulas Schwester Hilde, die im Propagandaministerium arbeitete, durften mein Bruder und ich nämlich Anfang Dezember 1944 einige Tage als »Ehrengäste des Führers« in diesem Bunker verbringen.

Wenige Augenblicke später gibt meine Mutter dem Gespräch eine abrupte Wendung. Sie durchbohrt die arme Eva mit Blicken und kommt auf ein Thema zurück, das sie offensichtlich nicht losläßt. »Wie alt bist du jetzt, meine Liebe?«

Eva antwortet.

»Was, schon so alt?« ruft sie voller Abscheu.

Das ist zuviel.

»Eva und ich sind im selben Jahr geboren«, bemerke ich trocken.

Sie mustert mich enttäuscht, ihre Miene verdüstert sich. »Das ist unmöglich. Nein, das darf nicht sein! Ich will keine so alte Tochter haben!« Sie blickt an sich selbst hinunter. »Ich bin doch noch hübsch und keine Spur gebrechlich. Wie könnte ich da eine Tochter haben, die aussieht wie eine alte Schachtel?«

»Aber, aber ...«, wird sie von Fräulein Inge ermahnt. »Seien Sie doch höflich zu Ihren Gästen.«

»Ich habe lediglich die Wahrheit gesagt«, entgegnet meine Mutter beleidigt. »Ich habe lediglich gesagt, was ich denke. Ist das etwa verboten?«

Sie wirft ihren Strauß auf den Boden. »Und diese Blumen will ich nicht. Was soll ich damit? Noch bin ich nicht tot! Es sind ja nicht mal meine Lieblingsblumen, ich mag nur gelbe Rosen.«

Sie zieht einen Schmollmund und schweigt. »Gefällt dir mein Kleid?« fragt sie mich dann völlig unvermittelt. Ich bin so überrascht, daß ich automatisch nicke.

»Gefällt dir die Farbe?«

»Ja«, lüge ich.

»Meine Uniform hatte dieselbe Farbe«, sagt sie. Dann beugt sie sich zu mir vor und flüstert: »Ich hab sie den Kameraden geschickt, du weißt schon, wohin ...« Sie zwinkert mir verschwörerisch zu.

Ich antworte mit einem Kopfnicken, das weder ja noch nein bedeutet. 1971 habe ich die SS-Uniform meiner Mutter bei ihr zu Hause gesehen. Sie holte sie mit nostalgischer Feierlichkeit aus dem Schrank und wollte, daß ich sie anprobiere. Natürlich habe ich mich geweigert.

»Alle meine Kleider haben diese Farbe«, höre ich sie im Plauderton sagen. »Sie ist einfach schön.«

Fräulein Inge hat inzwischen den Strauß vom Boden aufgehoben und in eine Vase gestellt. »Ich glaube, Sie gehen jetzt besser ins Besucherzimmer«, sagt sie. »Dort können Sie sich in aller Ruhe miteinander unterhalten.«

Meine Mutter sträubt sich: »Kommt nicht in Frage! In dieses häßliche, kalte Zimmer will ich nicht.«

»Unser Besucherzimmer ist weder häßlich noch kalt«, erwidert Fräulein Inge. »Außerdem gehen Sie mit Ihrer Freundin auch immer dorthin.«

»Ich habe keine Freundinnen!«

»So? Und was ist Frau Freihorst? Etwa keine Freundin?«

Meine Mutter winkt verächtlich ab. »Ach was, die ist gar nichts.«

»Und das sagen Sie von einer so treuen Seele? Das finde ich aber gar nicht nett«, meint Fräulein Inge vorwurfsvoll.

Meine Mutter verdreht die Augen. »Du lieber Himmel«, schnaubt sie. »Ich will nicht in dieses Zimmer, weil ich ausgerechnet dort vor kurzem einen Herzanfall hatte! Einen Infarkt, genauer gesagt.«

Fräulein Inge lächelt nachsichtig: »Sie hatten gottlob noch nie einen Infarkt, Frau Schneider.«

»Und ob! Ich wäre fast daran gestorben.«

Fräulein Inge fängt meinen ratlosen Blick auf und erklärt: »Das war bloß ein bißchen Bauchweh – sie hatte zuviel Eis gegessen.«

»Das ist nicht wahr! Es war ein Infarkt«, schreit meine Mutter zutiefst gekränkt.

»Erzählen Sie keine Lügen«, sagt Fräulein Inge streng. »Und jetzt stellen Sie sich mal nicht so an, und kommen Sie mit. Ich begleite Sie ins Besucherzimmer.« Mit diesen Worten packt sie meine Mutter am Handgelenk und fordert Eva und mich auf, ihnen zu folgen.

Kaum im anderen Zimmer, bleibt meine Mutter stehen wie ein störrischer Esel und blickt mich finster an: »Wo hast du den Bären her?«

Als Frau Freihorst uns am Vortag die Wohnungstür meiner Mutter aufgeschlossen hatte, wurde mir ganz flau im Magen. Vor siebenundzwanzig Jahren hatte ich diese Wohnung verlassen, überzeugt, nie mehr einen Fuß hineinzusetzen, und nun betrat ich sie doch wieder.

Wir durchquerten den Korridor und gingen ins Wohnzimmer.

Da war der Tisch, an dem mein Sohn – damals fünf Jahre alt – allein gehockt hatte, mit einem Malbuch und Buntstiften, die ihm meine Mutter zusammen mit einem Glas Milch und einem großen Teller Schokoladenkekse vorgesetzt hatte.

Dieselben Möbel wie damals, nur daß die Sessel jetzt mit weißen Tüchern abgedeckt waren, die mir ein Gefühl der Kälte vermittelten. Ich sah mich um, widerstrebend und bestürzt zugleich, und doch hatte dieser Raum etwas entfernt Vertrautes. Plötzlich glaubte ich, ersticken zu müssen. Frau Freihorst stürzte zum Fenster und riß es auf. Ich atmete tief durch und schaute eine Weile in den Hof hinunter, einen engen Wiener Hinterhof, nackt und schmucklos, mit rissigen Wänden und uralten Fenstern, deren Simse spärliches Immergrün schmückte.

Auf einem Backsteinvorsprung, unter dem die Gaszähler angebracht waren, saß ein alter Mann mit langen weißen Haaren und verspeiste sein Vesperbrot, das noch in Zeitungspapier eingewickelt war. Die Krumen warf er ab und zu einer Schar Spatzen hin.

»Alles in Ordnung?« fragte Eva, die leise neben mich getreten war.

»Ich bin ein bißchen durcheinander«, sagte ich.

»Möchten Sie einen Blick ins Schlafzimmer werfen?« hörte ich Frau Freihorst hinter mir fragen.

Ich nickte.

Beim Betreten des Raums befiel mich ein Gefühl klirrender Einsamkeit, es war, als gefriere mir das Blut in den Adern. Ich kam mir vor wie eine Einbrecherin, und im Grunde war ich das, denn meine Mutter würde nie etwas von meinem Eindringen erfahren.

Die pedantische, sterile Ordnung im Zimmer wirkte zwanghaft und hatte etwas Endgültiges. Die Hausherrin war fort, der Staub uneingeschränkter Herrscher.

Mit einer Mischung aus Unwohlsein und Neugier sah ich mich um – die Möbel meiner Mutter, ihre persönlichen Dinge. Der Schrank, in dem sie ihre SS-Uniform aufbewahrte. Eine Kommode mit drei Schubladen, ein kleiner Frisiertisch mit Intarsienarbeit, ein breites Bett mit weißer Chenille-Tagesdecke. An den beiden Fenstern lange Vorhänge aus gutem Stoff. Des weiteren ein Nußbaumregal mit vielen Büchern, darunter Werke der Weltliteratur.

Frau Freihorst erzählte mir, daß meine Mutter eine eifrige Leserin gewesen sei. »Sie las sogar in ...« Sie brach ab und errötete leicht.

Ich forderte sie mit einem gezwungenen Lächeln zum Weitersprechen auf.

»Traudi las sogar in Birkenau«, sagte sie zögernd und etwas verlegen, als fürchte sie, eine allzu paradoxe Äußerung zu machen. Tatsächlich kann es wohl kaum etwas Paradoxeres geben, als in Auschwitz-Birkenau zu lesen.

Ich zog es vor, die literarischen Vorlieben meiner Mutter nicht näher zu ergründen, und wandte mich um, dabei fiel mein Blick auf ein Gemälde – Sonnenuntergang an einem See. Es war ein gutes Bild. Frau Freihorst erklärte mir, beinahe im Ton einer Museumsführerin: »Ihre Mutter hat vor vielen Jahren in Kunst investiert. Sie besaß knapp ein Dutzend recht wertvolle Bilder, aber eines Tages kamen Einbrecher und haben sie ihr alle gestohlen. Das einzige Gemälde, das sie danach noch gekauft hat, war dieses hier – sie fand das intensive Licht so schön. Es stammt von einem ziemlich bekannten Künstler. Traudi hat es sogar versichern lassen.«

»Geld hatte sie also genug«, murmelte ich wie zu mir selbst.

Frau Freihorst zögerte einen Moment, dann sagte sie: »Ich glaube, Sie sollten das wissen: Seit Ihre Mutter aus dem Gefängnis gekommen ist, hat jemand regelmäßig Geld auf ihr Konto überwiesen.«

»Wissen Sie, wer?«

Frau Freihorst schüttelte den Kopf. »Nein, das habe ich nie erfahren – es war das einzige Tabu zwischen Traudi und mir. Aber wenn Sie sich über die finanzielle Lage Ihrer Mutter informieren möchten, könnte ich Ihnen eine Person nennen ...«

Ich unterbrach sie: »Nein, danke, Frau Freihorst, das interessiert mich nicht, glauben Sie mir.«

Sie senkte den Kopf. »Aber alles, was Traudi besitzt, gehört doch ...«

»Nein«, sagte ich, »lassen Sie es, bitte.«

Frau Freihorst nickte resigniert. »Gut«, sagte sie und breitete die Arme aus, »dann gehe ich jetzt wieder rüber und lasse Sie einen Augenblick allein.« Mit diesen Worten kehrte sie zu Eva ins Wohnzimmer zurück.

Hier also hatte meine Mutter jahrelang geschlafen – ohne sich je nach mir zu sehnen. Dieser Gedanke weckte einen Zweifel in mir: Hatte nicht auch ich in meiner Rolle als Tochter versagt? Wäre es nicht meine Pflicht gewesen, zu verstehen, zu vergeben? Ich unterdrückte den eigenartigen Drang, mich ins Bett meiner Mutter zu legen – hatte ich ihr etwa verziehen?

Zu meinem eigenen Erstaunen lautete die Antwort ja. Ich hatte ihr verziehen, was sie uns, ihrem Mann, ihren Kindern, angetan hatte ... Was jedoch ihre Vergehen anderen gegenüber betraf, so hatten ausschließlich die Opfer das Recht, zu verurteilen oder zu vergeben.

In diesem Moment erschien Eva in der Tür.

»Komm rein«, sagte ich.

Sie betrat das Zimmer und kreuzte dabei die Arme vor der Brust, wie um sich vor einem eisigen Luftzug zu schützen. Dann sah sie sich um, sichtbar ratlos. »Eigentlich ist sie ja meine Tante«, sagte sie, als würde sie sich selbst darüber wundern.

»Stimmt«, erwiderte ich, »sie ist deine Tante. Daran habe ich eigentlich nie gedacht.«

»Ich bin neugierig, wie sie jetzt aussieht ...«, sagte Eva wie zu sich selbst. »Es ist eine Ewigkeit her, daß ich sie zuletzt gesehen habe.«

Ich hatte das Fenster geöffnet, die Vorhänge bauschten sich im Wind.

»Ich bin hier so traurig«, sagte ich.

Eva legte mir den Arm um die Hüfte. »Dieses Zimmer stimmt auch mich traurig. Komm, wir gehen wieder rüber.«

Wir gingen hinaus. Ich wußte, daß ich diesen Raum zum letztenmal betreten hatte. Und auch meine Mutter würde wohl nie wieder hierher zurückkehren.

Im Wohnzimmer wartete Frau Freihorst auf uns, eine echte Freundin, wie meine Mutter sie schwerlich verdient hatte.

Wir wollten uns allmählich von ihr verabschieden.

»Kann ich noch irgend etwas für Sie tun?« fragte sie.

Ich überlegte. »Ja, ich hätte da noch eine Frage«, erwiderte ich dann vorsichtig, »aber sie ist etwas heikel.«

»Das macht nichts, fragen Sie nur.«

»Also gut. Wissen Sie ... Wissen Sie vielleicht, ob es jemanden gab, ich meine, einen Mann, der meine Mutter seinerzeit in ihrer Entscheidung beeinflußt haben könnte, ihre Familie zu verlassen?«

Frau Freihorst zögerte.

»Wenn Sie mir nicht antworten möchten, dann verstehe ich das«, setzte ich sofort hinzu.

Sie biß sich auf die Lippe, wirkte wie ein Kind, das in Schwierigkeiten ist.

»Wenn Sie mir nicht antworten möchten ...«, wiederholte ich, aber diesmal unterbrach sie mich mit einer Handbewegung.

»Nein, nein, ich glaube, ich darf es Ihnen sagen.« Sie holte tief Luft, wie zu einem Anlauf. »Ich weiß nicht, ob es die Person ist, die Sie im Sinn haben, aber es gibt einen Mann, mit dem Ihre Mutter immer in Verbindung gestanden hat, einen ehemaligen Kameraden ...«

»Der ... SS meinen Sie?«

Frau Freihorst nickte.

»Lebt er noch?«

»Ja, aber nicht in Wien. In Berlin.«

»In Berlin?«

»Ja. Er ist jünger als Ihre Mutter, Jahrgang 1915. Die Alliierten haben ihn seinerzeit zu sechs Jahren Gefängnis verurteilt, von denen er aber nur drei abgesessen hat. Er war nie verheiratet und lebt bei einer Schwester, die einen Mann und zwei Söhne im Krieg verloren hat.«

Sie machte eine Pause; ihre Augen glänzten feucht. »Die beiden haben nie aufgehört, sich zu schreiben«, fuhr sie nach einer Weile fort, »und seit Ihre Mutter im Altersheim ist ... bin ich die Briefbotin. Heinrich ...«

Sie schlug sich die Hand vor den Mund und lächelte erschrocken.

»Er heißt also Heinrich?«

»Ja. Heinrich adressiert seine Briefe an mich, und ich leite sie dann weiter. Aber in letzter Zeit läßt Ihre Mutter immer viel Zeit verstreichen, bevor sie antwortet, und sie schreibt nur, wenn ich neben ihr sitze. Nein, sie ist einfach nicht mehr die alte.«

Frau Freihorst wischte sich eine Träne ab. »Früher ist er noch manchmal nach Wien gekommen ... Ich kannte ihn. Ein paarmal war ich mit den beiden im Restaurant, aber es kam nie zu einer besonderen Vertrautheit.«

»Wie hat er nach so langer Zeit über Hitler gedacht?«

Sie wich meinem Blick aus, schob die Finger ineinander. »Oh, in meiner Gegenwart war er diesbezüglich nicht sehr gesprächig ...«

»Würden Sie mir seine Adresse geben?«

Frau Freihorst zögerte einen Moment, dann nickte sie, kramte in einer Schublade herum, bis sie einen karierten kleinen Notizblock fand, riß ein Blatt ab und kritzelte einen Namen und eine Adresse darauf. Ich nahm den Zettel entgegen, faltete ihn zusammen und steckte ihn, ohne einen Blick darauf zu werfen, in die Tasche.

Wir verabschiedeten uns. Aber plötzlich schlug Frau Freihorst sich mit der Hand auf die Stirn. »Jetzt hätte ich es fast vergessen!« rief sie, holte ihre Handtasche, die sie auf einem Sessel abgestellt hatte, und zog voller Genugtuung und mit einer gewissen Feierlichkeit einen zunächst undefinierbaren Gegenstand heraus. »Erinnern Sie sich?« fragte sie und hielt mir den ramponierten Plüschbären hin, dem ein Auge und ein Ohr fehlten.

Ich nahm ihn an mich und starrte ihn sprachlos vor Staunen an. Auf den ersten Blick sagte er mir nicht viel, dann durchfuhr es mich wie ein Blitz. »Nein ... das darf nicht wahr sein«, stammelte ich.

»Ihre Mutter hat ihn an dem Abend mitgenommen, an dem sie die Familie verlassen hat. Sie hat sich nie von ihm getrennt, bis sie nach Ravensbrück kam; dort hat sie ihn zusammen mit wichtigen Dokumenten, Fotos und Bescheinigungen in ein Sicherheitsfach einschließen lassen ...«

»Das darf nicht wahr sein«, wiederholte ich fassungslos.

»Er gehört Ihnen«, sagte Frau Freihorst. »Er hat immer Ihnen gehört. Als ich ihn Ihrer Mutter entwendet habe – und das war ein echter Diebstahl, glauben Sie mir –, wußte ich noch nicht, für wen ich ihn rette. Aber er hatte es einfach nicht verdient, zwischen Eier- und Bananenschalen im Abfalleimer zu landen.«

»Ich weiß nicht, was ich sagen soll«, murmelte ich überwältigt. »Ich bin gerührt ...«

Aber es gab nichts mehr zu sagen. Es war höchste Zeit zu gehen.

Ich fühlte mich völlig erschöpft und mitgenommen, mehr, als erwartet.

Noch einmal reichte ich Frau Freihorst die Hand, fast wie um ein unsichtbares Band zu durchtrennen, das mich noch festhielt. Ein letztes Mal wanderte mein Blick durch die Wohnung, und ich fühlte, wie sich mir die Kehle zuschnürte. Rasch umarmte ich die Freundin meiner Mutter. »Danke. Herzlichen Dank für alles.«

Eva und ich gingen allein zur Wohnungstür; wir spürten, daß Frau Freihorst gern noch ein Weilchen bleiben wollte.

Als wir bereits im Treppenhaus waren, rief sie uns nach: »Ach ja, er heißt Zakopane, das hatte ich vergessen!«

Ich drehte mich um: »Wer?«

»Der Bär! Ihre Mutter hat ihn in Zakopane in Polen gekauft – deshalb.«

Ich lächelte. »Stimmt – ich glaube, meine Großmutter hat mir das einmal erzählt.«

Mit diesen Worten zog ich die Tür hinter mir zu und folgte Eva, die schon vorgegangen war.

»Wo hast du den Bären her?« fragt meine Mutter in scharfem Ton und blickt mich drohend an.

Fräulein Inge geht zur Tür. »Wenn es recht ist, ziehe ich mich jetzt ein Stündchen zurück«, meint sie. »Sie sind bestimmt gern ein bißchen unter sich.«

Das Besucherzimmer wirkt gemütlich: ein Fernsehapparat, ein Regal aus Bambusrohr mit vielen Büchern, ein paar hübsche Topfpflanzen. Ich rücke drei Sessel unter eins der großen Fenster.

»Komm, setz dich«, sage ich zu meiner Mutter, aber sie wiederholt nur immer wieder dieselbe Frage, wie eine Schallplatte, die einen Kratzer hat: »Wo hast du den Bären her? Ich will es wissen!«

Ich gehe mit ausgestreckter Hand auf sie zu: »Gibst du ihn mir bitte wieder?«

»Nein!« schreit sie und drückt ihn an die Brust. Ich versuche es mit einem Trick, öffne die Handtasche und ziehe meinen Lippenstift heraus.

Sie starrt ihn verwirrt an.

»Wollen wir tauschen?«

Sie preßt die Lippen zusammen. Offenbar versucht sie, sich zu beherrschen, denn sie schüttelt energisch den Kopf. Aber der Wunsch, den Lippenstift zu besitzen, ist stärker. »Meinen habe ich verloren«, jammert sie, »vor langer Zeit ... Er hatte ein goldenes Etui.«

»Problem gelöst«, erwidere ich mit einem aufmunternden Lächeln. »Ich gebe dir den Lippenstift, und du gibst mir den Bären.«

»N-nein«, stottert sie. Aber als ich mich anschicke, den Lippenstift wieder wegzustecken, reißt sie ihn mir aus der Hand und gibt mir den Plüschbären zurück. Na also, denke ich, geht doch.

Während meine Mutter den Lippenstift in der Tasche ihres Kleids verschwinden läßt, wirft sie mir einen ängstlichen Blick zu: »Bleibst du noch ein bißchen?«

»Sicher«, erwidere ich überrascht. »Möchtest du denn, daß ich noch bleibe?«

»Ja«, sagt sie, und auf ihren Lippen erscheint ein schüchternes Lächeln. »Ich bin froh, daß du noch bleibst, sehr froh.«

»Komm, setz dich zu uns«, sage ich freundlich und etwas gerührt.

Sie läßt sich neben Eva und mir nieder und streicht sich sorgfältig das Kleid über den mageren Schenkeln glatt. Eine Zeitlang schweigen wir alle.

»Warum erzählst du mir nicht etwas?« frage ich schließlich. »Wie fühlst du dich hier? Hast du schon Bekanntschaften gemacht?«

Sie antwortet nicht gleich. Nach einem tiefen Seufzer, der fast wie ein heiserer Schluchzer klingt, sagt sie plötzlich dumpf: »Stefan ist gestorben.«

Stimmt, mein Vater ist gestorben, aber das ist schon lange her; sie dagegen tut, als wäre es gestern passiert.

Einen Moment lang wirkt sie betrübt, dann jedoch verzieht sich ihr Gesicht zu einer arroganten, boshaften Grimasse. »Besser so!« ruft sie. »Er war gemein. Ja, richtig gemein!« Sie ereifert sich zusehends. »Ständig hat er mir Steine in den Weg gelegt. Er wollte nicht, daß ich mich politisch betätige, jede Kundgebung war eine Tragödie. Für ihn war es ein Unding, daß ich Karriere in der Politik machte. Ich sollte zu Hause bleiben, putzen, kochen und mich um die Kinder kümmern.«

»War es dir denn kein Bedürfnis, dich um deine Kinder zu kümmern?« frage ich betroffen.

»Meine Kameradinnen hatten auch Kinder, aber ihre Männer waren nicht so engstirnig und eifersüchtig wie meiner. Stefan war unausstehlich, er wollte nicht begreifen, daß ich einen Auftrag hatte – einen ganz klaren Auftrag.«

»Worin bestand der?«

»Ich mußte die SS-Helferinnen ausbilden. Die hatten Respekt vor mir, das kann ich dir sagen! Bei mir wurde pariert. Warum sollte nicht ab und zu mein Mann auf die Kleine aufpassen?«

»Du hattest zwei Kinder«, bemerke ich. Langsam gewöhne ich mich daran, ihre Gedächtnislücken zu schließen.

»Zwei?« fragt sie verwundert.

»Erinnerst du dich denn nicht an deinen Sohn Peter?«

»Peter?«

Ihr Gesicht verdüstert sich. »Ach ja, Peter. Aber der ist auch tot. Schon lange.«

Ihre stahlblauen Augen verschleiern sich. Sie vergräbt das Gesicht in den Händen. »Mein Sohn ist tot, ich werde ihn nie wiedersehen«, wimmert sie.

»Peter lebt«, sage ich, aber das war unklug, denn jetzt bricht sie richtig in Tränen aus.

»Lüg mich nicht an! Wenn du mich anlügst, rege ich mich auf, und dann brauche ich wieder meine Tropfen.«

Eva wirft mir einen besorgten Blick zu; ich nicke: okay, wechseln wir das Thema. Aber schon nimmt meine Mutter die Hände vom Gesicht und kämmt sich mit den Fingern das Haar. Keine Frage: Es gelingt ihr immer wieder, mich zu verblüffen.

»Gefällt dir meine Haarfarbe?« fragt sie in naivem Ton. Ich nicke mechanisch.

»Früher war ich blond«, erzählt sie wehmütig, »aber hier kann ich nicht zum Friseur gehen. Könntest du mich nicht mal zum Friseur begleiten?«

Ich bitte meine Kusine mit einem fragenden Blick um Hilfe, und Eva gibt mir durch ein unmerkliches Kopfnicken zu verstehen, daß ich mitspielen soll. Also bejahe ich, wohlwissend, daß es sich um eine Lüge handelt.

»Wirklich?« jubelt meine Mutter. »Versprichst du es mir?«

»Klar«, erwidere ich ein bißchen zu laut.

Meine Mutter sieht sich um, als suche sie etwas. »Wo sind meine Blumen?« fragt sie empört.

»Die hat Fräulein Inge mitgenommen.«

»Warum? Sie gehören mir!«

»Aber du hast sie doch auf den Boden geworfen.«

Sie blickt mich ungläubig an: »Habe ich das?«

»Ja.«

Sie denkt nach, sucht nach einer Entschuldigung. »Es waren ja auch keine gelben Rosen.«

Darauf schiebt sie dieses Thema beiseite und kommt wieder auf meinen Vater zu sprechen. »Ich mußte ihn verlassen«, erinnert sie sich mit tonloser Stimme, »es blieb mir gar nichts anderes übrig. Ich war so beschäftigt, und er hat ständig an mir herumgenörgelt; auch meine Schwiegermutter hat dauernd gemeckert, sie wollten einfach nicht, daß ich meinen Pflichten nachgehe.«

»Welchen Pflichten?« frage ich.

»Meinen Pflichten der Partei gegenüber. Ich hatte schließlich ein Versprechen abgegeben. Es gab für mich kein Zurück.«

»Welches Versprechen?«

»Naja, als Mitglied der SS habe ich absoluten Gehorsam und Treue bis zum Tod geschworen.«

»Warum hast du diesen Eid abgelegt, wenn du doch zwei kleine Kinder großzuziehen hattest?« wage ich zu fragen.

Sie hebt ruckartig den Kopf. »Weil ich es wollte! Weil ich in die SS eintreten wollte – um jeden Preis.«

»Das war wichtiger für dich als deine Familie?«

Sie nickt. »Ja, aber du kannst das nicht verstehen. Keiner kann das heute verstehen ...«

Stimmt. Ich fühle mich entmutigt, ohnmächtig.

Andererseits ist sie nur eine von vielen Tausenden von Frauen gewesen, die sich von der ideologischen Propaganda der Nazis haben blenden lassen. Nicht alle sind freilich so weit gegangen, dem schwarzen Orden Himmlers beizutreten.

Sie merkt, daß ich nachdenklich geworden bin, und fragt: »Bist du traurig? Das will ich nicht! Du darfst nicht traurig sein!« Sie erhebt sich, um mich zu umarmen, ich kann es gerade noch verhindern. Ich könnte nicht ertragen, von ihr umarmt zu werden, nicht in diesem Moment.

»Warum erzählst du mir nicht von deinen Eltern?« schlage ich vor.

Sie reißt die Augen auf. »Von meinen Eltern?« fragt sie völlig verdattert. »Warum soll ich dir von meinen Eltern erzählen?«

»Weil sie immerhin meine Großeltern waren«, erwidere ich ruhig, aber bestimmt.

In ihren Augen zeichnet sich eine Leere ab, die echt wirkt. »Deine Großeltern«, murmelt sie und findet nicht den roten Faden.

Schließlich schnaubt sie abfällig und meint: »Da hast du nicht viel verloren.«

»Warum sagst du das?«

»Sie waren gegen mich«, brummt sie. »Bei der Volksabstimmung haben sie dagegen gestimmt, nur um mir eins auszuwischen.«

»Bei welcher Volksabstimmung?«

»Na, bei der über den Anschluß Österreichs! Meine Eltern wollten den Anschluß nicht. Sie wollten auch die Nationalsozialisten und den Führer nicht. Und natürlich waren sie völlig dagegen, daß ich in die Partei eintrete. Für sie war ich eine degenerierte Fanatikerin. Deshalb haben sie bei der Volksabstimmung mit Nein gestimmt. Vielleicht dachten sie, die Partei wirft mich dann raus, aber so war es nicht. Als sie später von Ravensbrück erfuhren, haben sie mich regelrecht verstoßen. Das muß man sich mal vorstellen: eine Tochter verstoßen!«

»Ravensbrück?«

Sie kneift die Augen zusammen und schielt mich lauernd an – wie ein mißtrauischer alter Fuchs. »Das weißt du vielleicht nicht ...«, meint sie ausweichend. »Egal.«

»Doch, ich weiß, daß du in Ravensbrück warst«, erwidere ich in neutralem Ton. »Warum erzählst du mir nicht davon? Es würde mich interessieren.«

Sie neigt den Kopf und wirft mir einen listigen Blick zu; dann blinzelt sie und versucht, meiner Frage auszuweichen. »Als du klein warst, habe ich dich Mausi genannt, weißt du das?«

Sie lächelt und wird auf einmal ganz sanft. »Du warst dickköpfig und ungehorsam, trotzig und intelligent. Und du bist gerne auf einem Bein gehüpft.«

Sie macht mit mir, was sie will. Plötzlich frage ich mich: Habe ich wirklich vier Jahre bei meiner Mutter gelebt? Bei meiner biologischen Mutter, bei der Frau, die mich in die Welt gesetzt hat? Bei einer richtigen Mutter, wenn auch viel zu beschäftigt, um ihre Mutterrolle zu erfüllen?

Mir wäre es lieber, auf Ravensbrück zurückzukommen, aber sie ist nicht von ihrem Thema abzubringen.

»Ich möchte über Berlin sprechen«, sagt sie halsstarrig. »Wir hatten eine schöne Wohnung in Niederschönhausen, weißt du noch? Manchmal habe ich dich in die Grünanlagen oder in den Garten einer Freundin gebracht.«

Sie schließt einen Moment lang die Augen. »Aber dein Vater war immer wütend. Er wollte mich zu Hause einsperren wie in einem Käfig.«

Mit jener ungeahnten Behendigkeit, die ich mittlerweile kenne, springt sie plötzlich auf und wirft sich vor mir auf die Knie. Den Kopf in meinen Schoß gelegt, betrachtet sie mich mit schwimmenden Augen. »Meine Tochter«, wiederholt sie zwei- oder dreimal mit pathetischen Seufzern. »Kommst du morgen wieder?«

Sie packt meine Hände und beginnt sie wild abzuküssen. »Laß mich nie wieder alleine«, fleht sie, »nie wieder!«

Ich bin furchtbar verlegen. Während ich versuche, sie aufzurichten, scheint sie in Ohnmacht zu fallen. Sie schließt die Augen und sinkt wie leblos auf meine Knie. Mit Evas Hilfe gelingt es mir, sie zu ihrem Sessel zu tragen. Als ich in den Korridor hinaustreten will, um Hilfe zu rufen, höre ich hinter mir: »Hei, wo willst du hin?« Ich drehe mich um und blicke in ihr spöttisches Gesicht.

»Komm, es geht mir gut«, sagt sie mit einem frechen Grinsen. »Du hast mir versprochen, daß du wiederkommst, und sein Wort muß man halten. Du hältst doch Wort, oder?«

Ich nicke verwirrt, niedergeschlagen.

»Ich weiß, daß du ehrlich bist«, versucht sie mir zu schmeicheln. »Schließlich bist du meine Tochter. Und meine Tochter ist ein ehrlicher Mensch.«

Ich frage mich, wie sie zu der Behauptung über die Ehrlichkeit kommt, sie kennt mich ja kaum.

Sie lächelt zufrieden, fährt sich übers Haar, betrachtet ihre Fingernägel – kurz geschnitten, weiß und durchsichtig wie Zellophan. Ich höre nicht auf, über sie zu staunen. Was war das eben? Ein vorübergehendes Unwohlsein, oder hat sie sich über mich lustig gemacht?

Aber schon bestürmt sie mich wieder mit Fragen: »Kommst du morgen auch? Bringst du mir wieder Blumen mit? Und ein Eis?«

Die Vorstellung, mich wiederzusehen, scheint sie glücklich zu machen.

»Ich weiß nicht...«, erwidere ich ausweichend und bemühe mich, mein Gewissen zu überhören.

»Du hast es versprochen!« schreit sie.

In einer Geste der Verzweiflung preßt sie sich die Fingerspitzen an die Schläfen. »Du hast es versprochen. Du hast es versprochen!«

In diesem Augenblick passiert es. Das ist der Wendepunkt. Irgend etwas, tief in meinem Innern, begehrt auf, gibt mir die Worte ein: »Morgen komme ich wieder und bringe dir Blumen mit – unter der Bedingung, daß du mir heute von Ravensbrück erzählst.«

Eine Erpressung, wie sie im Buche steht. Ich begegne dem vorwurfsvollen Blick meiner Kusine, ignoriere ihn aber.

»Ich will gelbe Rosen«, erklärt meine Mutter herrisch.

»Du bekommst sie, wenn du mir von Ravensbrück erzählst.«

Sie mustert mich eindringlich. »Was soll ich dir groß davon erzählen? Von Ravensbrück gibt es nichts Interessantes zu erzählen.« Ihre stahlblauen Augen sind völlig durchsichtig und blicken mich unschuldig an.

Wirklich, Mutter?

Waren die Versuche zur Muskelregeneration und Knochentransplantation etwa nicht interessant?

»Weiblichen Häftlingen wurde von Zeit zu Zeit ein Stück Muskel aus dem Unterschenkel herausgeschnitten, um festzustellen, ob und wie sich das

Gewebe unter Gipsverband allmählich wieder erneuerte. Anderen Frauen wurde ein gesundes Bein oder ein Arm oder ein Schulterblatt wegoperiert, der SS-Arzt verpackte jeweils den Körperteil und brachte ihn im Auto nach Hohenlychen zu Professor Gebhardt, wo ihn die Ärzte Dr. Stumpfegger und Dr. Schulze Patienten der Heilanstalt verpflanzten. Die KL-Opfer wurden durch Injektionen getötet.«*

»Soweit ich weiß, wurden in allen Lagern, einschließlich dem von Ravensbrück, Experimente an Menschen durchgeführt«, sage ich in neutralem Ton, um sie nicht zu irritieren. »Du weißt bestimmt darüber Bescheid. Es wäre interessant, deine Meinung zu hören.«

Mir ist klar, daß ich mich nicht korrekt verhalte, aber ich handle wie unter dem Einfluß eines inneren Dämons.

»Woher weißt du das?« fragt sie mißtrauisch. Es ist mir also nicht gelungen, meine Stimme völlig harmlos klingen zu lassen, ich muß vorsichtiger sein.

»Das steht in jedem Geschichtsbuch«, erwidere ich so gleichgültig wie möglich. Aber sie fällt nicht darauf rein.

»Wenn diese Dinge Allgemeingut sind, warum soll ich dir dann davon erzählen?«

»Weil du sie direkt miterlebt hast«, erwidere ich prompt und in verhalten-schmeichlerischem Ton.

---

* Eugen Kogon, *Der SS-Staat. Das System der deutschen Konzentrationslager,* © 1974 Kindler Verlag GmbH, München.

»Augenzeugenberichte sind etwas sehr Wertvolles, egal, von welcher Seite sie kommen.«

»Etwas sehr Wertvolles ...« Sie läßt die Worte genießerisch im Mund zergehen. »Meinst du das im Ernst?«

»Ja«, entgegne ich mit honigsüßem Lächeln.

Meine Mutter hält sich jedoch bedeckt. »Ich war in Ravensbrück aber nur eine ganz unbedeutende Nummer«, erklärt sie mit falscher Bescheidenheit, fast als erhoffe sie mein Lob.

»O nein, das nehme ich dir nicht ab«, widerspreche ich. »Ich bin überzeugt, daß sie dir dort sehr heikle Aufgaben übertragen haben, Aufgaben, für die nur die Besten, Stärksten und Tüchtigsten in Frage kamen. War es nicht so?«

Den Bruchteil einer Sekunde lang überlege ich, was ich da eigentlich tue ...

Meine Mutter richtet tatsächlich den Oberkörper auf; ihrem Blick ist zu entnehmen, daß meine Schmeichelei den erhofften Erfolg erzielt hat.

»Meine Aufgabe war es, den Ärzten zu assistieren«, entgegnet sie rasch und mit einem letzten Rest von Widerstreben.

Ich lasse ihr keine Zeit, es sich anders zu überlegen: »Was haben diese Ärzte gemacht?«

»Sie haben die Lagerinsassinnen behandelt«, erwidert sie vage.

»Und was genau hast du getan?« Ich zwinge sie, mir in die Augen zu sehen.

»Ich mußte ... ihnen das Fieber messen.« Sie lügt, vermutlich aus einem alten Instinkt heraus, aber ich lasse nicht locker.

»Gerade eben hast du gesagt, es sei deine Aufgabe gewesen, den Ärzten zu assistieren«, stelle ich ungehalten fest, bereue es aber sofort – das war zu hart, das wird sie aufbringen.

Meine Mutter hat sich in trotziges Schweigen versenkt, kneift die Lippen zusammen und sieht mich an wie ein beleidigtes Kind.

»Also?« hake ich nach, dann bemühe ich mich, einen milderen Ton anzuschlagen: »Was hattest du als Assistentin außer Fiebermessen noch zu tun?«

»Nichts«, sagt sie widerspenstig, verdrossen.

Ruhe bewahren, rät mir der innere Dämon, versuch es mal mit ein bißchen Druck ... »Na gut«, erwidere ich in resigniertem Ton. »Wenn du nicht sprechen willst, komme ich morgen eben nicht wieder. Was soll ich bei einer Mutter, die mir nichts zu sagen hat?«

»Ich möchte gelbe Rosen«, fährt sie mich ärgerlich an.

»Tut mir leid ...«, sage ich gegen den leisen Protest meines Gewissens: Du bist gemein, raunt es mir zu. So kannst du mit einem gestörten Menschen nicht umspringen, das ist nicht fair.

Aber ein dunkler Drang treibt mich, unerbittlich weiterzumachen.

»Ich möchte, daß du wiederkommst«, sagt meine Mutter nachgiebig. »Und ich möchte gelbe Rosen haben.«

Sie unterdrückt ein paar Schluchzer und trocknet sich mit einem Zipfel ihres uniformähnlichen Kleids die Augen.

»Dann los«, sage ich. »Was mußtest du als Assistentin noch machen?«

Sie schluckt, dann erwidert sie mit seltsam gurgelnder Stimme: »Ich mußte die Häftlinge auf den Operationstischen anschnallen.«

»Wozu?«

»Der Reichsarzt Dr. Grawitz, der mit fast sämtlichen Menschenexperimenten der SS zu tun hatte, ordnete 1942 die Infizierung weiblicher Häftlinge des KL Ravensbrück mit Staphylokokken, Gasbrandbazillen, Tetanusbazillen und Erreger-Mischkulturen an, um die Heilwirkung von Sulfonamiden festzustellen. Die Durchführung unternahm der Ordinarius für Orthopädische Chirurgie der Universität Berlin und Chefarzt der Heilanstalt Hohenlychen, Prof. Dr. Karl Gebhardt, Freund und Leibarzt Himmlers. Er ließ die Operationen an meist polnischen Frauen durch die SS-Ärzte Dr. Schiedlausky, Dr. Rosenthal, Dr. Ernst Fischer, Dr. Herta Oberheuser vornehmen. Eine verantwortliche Überwachung erfolgte nicht. Infiziert wurden die Frauen, die nicht erfuhren, welche Absichten man verfolgte, in allen Fällen an den Unterschenkeln. Der Einschnitt ging, wie später an den vernarbten Wunden einiger weniger Überlebender ersichtlich war und von Zeugen bestätigt wurde, häufig bis zum Knochen. Mehrmals wurden den Versuchspersonen außer den Bakterienkulturen noch Holzteilchen oder Holzsplitter und Glasscherben in die Wunden gelegt. Rasch vereiterten die Beine der Patienten. Die zur Beobachtung des Krankheitsfortschritts nicht weiterbehandelten Opfer starben unter gräßlichen Schmerzen; aber auch von den übrigen überlebte nur ein geringer Teil. Jede dieser Versuchsreihen umfaßte sechs bis zehn junge Frauen, die – in der Regel die schönsten! – aus einer größeren Anzahl ins Revier bestellter Häftlinge ausgesucht wurden. Es haben mindestens sechs Versuchsreihen stattgefunden.

Über den Ausgang berichtet Prof. Dr. Gebhardt, der nur gelegentlich nach Ravensbrück kam, um sich Ergebnisse vorlegen zu lassen und die Wunden der Patientinnen zu besichtigen – die Frauen mußten jedesmal reihenweise, auf Operationstischen angeschnallt, einige Stunden warten, bis der Herr Professor eintraf –, unter dem Titel ›Besondere Versuche über Sulfonamid-Wirkung‹ bei der Dritten Arbeitstagung Ost der beratenden Fachärzte der Militärärztlichen Akademie Berlin (24.–26. Mai 1943). Der Konferenz wohnten unter anderem bei: der Chef des Wehrmachtssanitätswesens, der Chef des Sanitätswesens der Luftwaffe, der Reichsgesundheitsführer, der Direktor der Chirurgischen Universitätsklinik Berlin sowie Hitlers Leibarzt Dr. Karl Brandt; ferner eine Anzahl sehr bekannter und angesehener deutscher Professoren.

Gebhardt machte in seinem Vortrag keinen Hehl daraus, daß die Versuche an KL-Häftlingen durchgeführt worden waren, er übernahm sogar ausdrücklich die volle Verantwortung dafür. Widerspruch erhob sich bei keinem einzigen der Teilnehmer.«*

---

* Eugen Kogon, a.a.O.

»Hast du denn überhaupt kein Mitleid für diese armen Frauen empfunden?« frage ich meine Mutter. Noch während ich spreche, wird mir klar, daß diese Frage völlig unsinnig ist.

Sie zögert eine Sekunde, senkt den Kopf und starrt auf ihre Hände. Dann hebt sie den Blick und erklärt mit einer Art trotziger Arroganz: »Nein, ich hatte kein Mitleid für ...«, sie stockt einen Moment, »für diese Weiber. Wir haben zum Wohl der Menschheit gehandelt.«

»Wie meinst du das?«

»Handelt die Wissenschaft etwa nicht immer zum Wohl der Menschheit?« fragt sie mit Nachdruck.

»Diese Ärzte waren Schwindler«, entgegne ich ruhig, aber voller Verachtung. »Das waren sadistische Pseudoärzte und Pseudowissenschaftler.«

Sie zuckt zusammen, als hätte ich ihr eine Ohrfeige verpaßt. Ihre glasklaren Augen starren mich an. »Wie dumm du bist«, platzt sie heraus. »Wie du dich irrst. Unsere Ärzte waren herausragende Mediziner. Die Ergebnisse ihrer Versuche wurden in den wichtigsten medizinischen Fachblättern veröffentlicht, und zwar nicht nur in Deutschland, sondern auch im Ausland!«

Sie schöpft Atem, ihre Wangen glühen. »Unsere Wissenschaftler hat man zu Ärztekongressen in alle Welt eingeladen!« fügt sie voller Emphase hinzu. »Du weißt nichts! Nichts!«

Ihre letzten Worte unterstreicht sie mit einer gereizten und zugleich gebieterischen Geste. »Davon abgesehen, hatte ich gar nicht das Recht, Mitleid zu empfinden; ich hatte ausschließlich zu gehorchen.

Treue und Gehorsam, sonst nichts! Die Treue ist einer der höchsten Werte, merk dir das!« Ihr blasser Finger fuchtelt mir drohend unter der Nase herum.

Es folgt eine Pause. Ihr Blick wandert zu den alten Platanen vor dem Fenster, deren Kronen sich in der nebligen Luft wiegen.

»Ich habe doch eine Härteausbildung erhalten«, murmelt sie wie zu sich selbst.

Ist das vielleicht ein fast unbewußter Rechtfertigungsversuch?

Ja, Mutter, ich weiß, ich habe es in deinem Dossier gelesen. Mit dieser Ausbildung haben sie euch unempfindlich gemacht, abgestumpft gegen die Greuel der Vernichtungslager. Und in die wurden nur die Allerhärtesten abkommandiert, die mit der dicksten Haut. Deshalb bist du auch für Birkenau ausgewählt worden, das »Musterlager«.

Mir ist heiß, und ich fühle eine lähmende Müdigkeit auf mir lasten, aber der Dämon läßt mir keine Ruhe. »Dir hat also niemand leid getan? Keine einzige der gefangenen Frauen in Ravensbrück? Nicht einmal die älteste oder kränkste?«

Eva stößt mich mit dem Ellbogen an. Hör auf, will sie mir sagen, aber ich achte nicht darauf.

Frag, stachelt mich der Dämon an. Frag weiter. Vielleicht ist das deine letzte Gelegenheit.

»Es macht keinen Spaß, mit dir zu reden!« schreit meine Mutter und hält sich die Ohren zu. »Ich höre dir nicht länger zu.«

Eva nutzt den Moment: »Warum quälst du sie?« zischt sie mir zu. »Siehst du nicht, daß es keinen Sinn hat?«

Ich antworte nicht. Meine Mutter wirft mir finstere Blicke zu. Das Wetter draußen wird immer schlechter. Sturmböen klatschen Schwälle von Regentropfen gegen die Fenster.

Ist es denn möglich, daß in dieser Frau nie andere Gefühle aufkeimen konnten als die, die man ihr eingetrichtert hat? Liebe statt Haß, Erbarmen statt Grausamkeit? Eine Frage, die mir keine Ruhe läßt.

»Einmal«, höre ich sie plötzlich sagen.

Ich fordere sie mit Gesten auf, die Hände von den Ohren zu nehmen. »Einmal, was?« frage ich begierig.

»Einmal hat es mir ein bißchen leid getan ...«

»Erzähl!«

»Eines Tages wurde eine Gefangene in meinen Block eingewiesen, die ich kannte. Sie war ursprünglich eine Kameradin, ist dann aber zum Widerstand übergewechselt, deshalb hat die Gestapo sie ins KZ geschickt. Kaum daß sie mich sah, hat sie mir ins Gesicht gespuckt.«

»Und du hast sie kurzerhand erschießen lassen?« frage ich mit einer guten Portion Zynismus.

Sie überhört mich. »Ich hab sie dem Bordell zugeteilt.«

»Welchem Bordell?«

Meine Mutter scheint einen Moment lang angestrengt nachzudenken, dann nimmt sie den Faden wieder auf. »Ja, das war 1943. Da kam eine Weisung, in allen größeren Lagern Bordelle einzurichten; das erste Lager, das sich entsprechend organisierte, war Buchenwald. Eines Morgens erging an uns Aufseherinnen der Befehl, aus unseren Blocks

Frauen auszusuchen, die sich dafür am besten eigneten, und ich habe sie ausgewählt.«

Ihr Gesicht wird hart; das feine Lächeln, das um ihre Lippen spielt, verrät Genugtuung. »Wenig später habe ich erfahren, daß sie an einer schweren Geschlechtskrankheit gestorben ist«, sagt sie und windet die Finger auf eine Art und Weise ineinander, die ich noch nicht an ihr erlebt habe. Gleichzeitig scheint sich ihr Blick eine Sekunde lang zu verschleiern, länger aber auch nicht.

»Im ersten Moment ... tat es mir wirklich ein bißchen leid«, sagte sie, als handle es sich um eine Blöße. »Aber ich war gleich wieder darüber hinweg. Dinge dieser Art konnte ich mir nicht erlauben ... Ich meine, Mitleid und Bedauern für meine Gefangenen. Wenn sie im Lager waren, hatte das schon seinen Grund. Danach ist es mir auch nie wieder passiert. Ich war schließlich nicht umsonst der SS unterstellt. Mit der Gefühlsduselei des gewöhnlichen Volks hatten wir nichts am Hut, das konnten wir uns gar nicht leisten.«

Kein Zweifel: Meine Mutter hatte dem Führer die Herrschaft über ihr Gefühlsleben übertragen – ein Armutszeugnis, das sie heute noch verteidigt.

Wie viele Frauen hatte die kleine Helga dagegen im brennenden Berlin auf den Führer fluchen hören, als Leichengestank die Stadt erfüllte und sie mit Klauen und Zähnen kämpfen mußten, um ihre Kinder zu retten, die häufig im Luftschutzkeller oder in den Gewölben der U-Bahn das Dunkel der Welt erblickten. Um ihre Brut zu ernähren, waren diese Frauen nicht davor zurückgeschreckt, die Wachposten der wenigen noch offenen Lebensmittelmagazine, in denen die Wehrmacht und der Kreis um Hitler sich bedienten, tätlich anzugreifen. Auf der Flucht aus Ostpreußen, die Rote Armee dicht auf den Fersen, hatten sie fünf, sechs, sieben Kinder hinter sich hergeschleppt, mit der Wäscheleine aneinandergebunden, um ja keins zu verlieren. Und in der Nachkriegszeit hatten sie – Witwen ohne jede Zukunft – die Zähne zusammengebissen, sich mit Männern der Siegermächte eingelassen und es vorgezogen, Ami-Hure oder Russen-Hure geschimpft zu werden, anstatt die eigenen Kinder verhungern zu sehen. Ich weiß nicht, wie viele Berliner Frauen ihren Führer während der Schlacht um Berlin noch geliebt haben ...

Wir lebten in jenen Tagen im totalen Chaos. Solidarität? Ja, aber ohne jede Sentimentalität. Der Hunger setzte alle Regeln und Prinzipien außer Kraft. Wenn gestohlen werden mußte, um etwas Eßbares zu bekommen, wurde gestohlen – jeder tat es, selbst wir Kinder, selbst die alten Leute.

Mein »Opa« setzte eines Abends am Anhalter Bahnhof sein Leben aufs Spiel, weil er einen Sack Erbsen gestohlen hatte. Er, der Jurist, schoß, ohne auch nur eine Sekunde zu zögern, einem Mann in die Beine, der ihn verfolgte. Er hatte gegen die von den Alliierten verhängte Ausgangssperre verstoßen. Wer aber nachts in den Straßen Berlins erwischt wurde, den erschoß die Militärpolizei augenblicklich und gnadenlos.

Da die Berliner jedoch überleben wollten, waren sie, Sperrstunde hin oder her, ständig auf der Suche nach irgend etwas, vor allem aber nach Lebensmitteln.

Und was die Berliner Frauen betrifft – vor allem von ihnen kann ich Zeugnis ablegen –, so waren es wiederum sie, die nach der Katastrophe die Trümmer der zerbombten Häuser beseitigten und die völlig demoralisierten Kriegsheimkehrer, die nach und nach eintrudelten, trösteten und aufrichteten.

Meine Mutter schläft. Sie hat den Kopf auf die Rückenlehne des Sessels gelegt und ist eingenickt, einfach so, ohne das geringste Vorzeichen der Müdigkeit.

Ich betrachte sie, meine alte Mutter, die ich in siebenundfünfzig Jahren zum zweiten Male sehe, und verspüre trotz allem einen Hauch von Zärtlichkeit.

Sie schlummert völlig reglos, man merkt kaum, daß sie atmet, und sie wirkt unendlich hilflos und verloren. Ein neuer Gedanke durchzuckt mich, ein Gedanke, der mir angst macht: Eines Tages schläft sie genauso still und verlassen ein und wacht nie wieder auf, und du bist dann weit weg. Vielleicht kriegst du ein Telegramm, wenn sie bereits unter der Erde ist. Ich spüre einen Stich im Herzen – was soll ich machen, sie ist trotz allem meine Mutter, und wenn sie geht, geht ein Teil von mir mit ihr. Ein Teil von mir … doch welcher? Ich weiß keine Antwort auf diese Frage.

»Schau sie dir an, sieht sie nicht aus wie ein Kind?« flüstert Eva.

»Ja«, murmle ich, »ein kleiner Schatten.«

»Du darfst sie nicht so plagen«, meint meine Kusine. »Ich weiß gar nicht, was in dich gefahren ist.«

»Das weiß ich selbst nicht. Sie fordert das irgendwie heraus. Einerseits irritiert sie mich, andererseits rührt sie mich. Ach, ich bin so durcheinander.«

In diesem Augenblick wacht meine Mutter auf und blickt sich erschrocken um. Als sie mich sieht, seufzt sie erleichtert. »Ah, du bist noch da.« Sie gähnt. »Wovon haben wir gerade gesprochen?«

Ich vermeide es, sie an die Geschichte der Gefangenen zu erinnern, die sie ins Bordell von Buchenwald geschickt hat. »Erzähl mir doch was über dich«, schlage ich statt dessen vor. »Beispielsweise, wie du deine Tage hier verbringst.«

Sie fährt sich mit der Hand über die Stirn. »In Birkenau habe ich das nicht mehr gemacht«, erklärt sie, als müsse sie sich für eine vorausgegangene Äußerung rechtfertigen.

»Was hast du in Birkenau nicht mehr gemacht?« frage ich, trotz aller guten Vorsätze.

»Die Frauen auf den Operationstischen angeschnallt.«

Sie senkt den Kopf, aber ich habe Zeit, ihre Augen zu betrachten: Sind sie tatsächlich mit Tränen gefüllt, oder ist es mein brennender Wunsch, wenigstens eine Spur von Reue darin zu lesen, der mich zu dieser Illusion verführt?

Meine Mutter beugt sich wieder nach vorn und ergreift meine Hände, ohne daß ich es verhindern kann. »Du darfst nicht glauben, ich hätte aus eigenem Antrieb so gehandelt«, sagt sie rasch und verrät einen Anflug von Nervosität. Die Berührung ihrer knochigen Hände ist mir unangenehm.

»Wovon sprichst du?« Mit einer etwas hysterischen Geste befreie ich mich aus ihrem Griff und bin erleichtert, während sie enttäuscht auf ihre leeren Hände starrt.

»Ich spreche ... von Birkenau«, erwidert sie langsam und unsicher.

»Du sagtest, du hättest nicht aus eigenem Antrieb gehandelt.«

»Ach so, ja! Damit meinte ich ... na ja, die Tatsache, daß ich sie so streng behandelt habe.«

»Wen?«

»Die Frauen aus meinem Block. Ich konnte sie doch nicht mit Samthandschuhen anfassen, oder?« Sie lächelt mich beifallheischend an.

Ich nicke mechanisch.

»Wir hatten Befehl, extreme Härte walten zu lassen«, ereifert sie sich, »und das habe ich getan, bei Gott!«

Jetzt hat sie die Maske fallen lassen und jede Scheu überwunden.

»Ich spreche von diesen faulen Weibern, die in den Munitionsfabriken gearbeitet haben. Ständig waren sie müde und sind mit langen Gesichtern rumgelaufen, und bei Nacht haben sie um ihre Bälger geplärrt – die natürlich allesamt vergast wurden. Aber ich hab ihnen das Wasser im Arsch kochen lassen, das kannst du mir glauben«, fügt sie voller Genugtuung hinzu. »So haben wir damals gesagt, das ist Militärjargon«, beeilt sie sich zu erklären. »Jemandem das Wasser im Arsch kochen lassen, das hieß, ihn schinden bis aufs Blut.«

Sie starrt mich an: Ihr Blick ist der von damals.

»Ohne Disziplin ging es nicht, begreifst du? Diese jüdischen Huren mußten kapieren, wo sie sind, und vor allem, warum. Und das erreichte man nur durch eiserne Disziplin – sie ist das A und O jedes gutgeführten Lagers.«

Ich sehe dich an, Mutter, und fühle mich innerlich zerrissen: Einerseits zieht es mich instinktiv zu dir hin, andererseits empfinde ich eine unüberwindliche Abscheu vor dem, was du warst – und noch immer bist.

Genug, sage ich mir streng, du bist gekommen, sie ein letztes Mal zu sehen, nun bring die Sache gut über die Bühne. Ich versuche zu lächeln, aber meine Lippen verzerren sich zu einer starren Grimasse, die hart ist wie Zement. Und der Dämon stichelt wieder. Warum ihm eigentlich nicht nachgeben?

Mich würde interessieren, wie die Verpflegung der SS-Leute in Birkenau war.

Während meine Mutter sich in der Rolle der vorbildlichen Lageraufseherin gefiel, litten mein Bruder und ich nämlich bitteren Hunger. Ab 1944 gab es praktisch keine regelmäßige Lebensmittelversorgung mehr. Die Leute aßen Rapsbrot und scheußlich schmeckende Brennesselsuppen. Mehl wurde aus zermahlener Baumrinde und Eicheln gewonnen und verursachte entsetzliches Bauchgrimmen.

»Hattet ihr genug zu essen?« frage ich. Eva wirft mir einen vorwurfsvollen Blick zu, meine Mutter lacht auf.

Die Frage scheint sie zu erheitern. »Das kann man wohl sagen! Unsere Kameraden haben es uns an nichts fehlen lassen. Wir hatten alles: Kaffee, Wurst, Butter, polnischen Wodka, Zigaretten, parfümierte Seife. Sogar Seidenstrümpfe bekamen wir und echten Champagner, den aber nur an Weihnachten.«

Deine Kameraden, Mutter. Welche Verbundenheit, welche Schwärmerei noch heute, über fünfzig Jahre danach.

»Ich war beispielsweise eine richtige Leseratte«, fährt sie eifrig fort, »und wenn ein Kamerad nach Berlin fuhr, brachte er mir immer etwas Interessantes zum Lesen mit.« Sie richtet sich stolz auf. »Ich war nämlich nicht eine von denen, die nur Skandalblätter verschlungen haben, wie einige meiner Kameradinnen. Nein, meine Liebe, ich habe richtig gute Literatur bevorzugt, vor allem vor dem Schlafengehen – das half mir, mich zu entspannen, ich war schließlich auch nur ein Mensch.«

Ich schaffe es nicht, den Mund zu halten. »Wie konntest du überhaupt schlafen, wo wenige Meter von dir entfernt Tag und Nacht Tausende von Leichen verbrannt wurden?«

Eva blickt mich erschrocken an, aber jetzt ist es schon passiert.

Meine Mutter antwortet mir beinahe entrüstet: »Ich habe in Birkenau nie an Schlaflosigkeit gelitten, außerdem sagte ich dir ja bereits, daß ich eine Härteausbildung durchgemacht hatte. Ich konnte mir nicht erlauben ...«

Doch jetzt passiert etwas Eigenartiges: Ihre Kinnlade beginnt plötzlich zu klappern – ein groteskes, ein erbärmliches Spektakel.

Sie preßt mit aller Kraft die Lippen zusammen, um das Zittern zu beherrschen, aber es wird nur noch schlimmer, verzerrt ihre Gesichtszüge zu einer tragischen Grimasse, die Wut und Hilflosigkeit zugleich ausdrückt. »Das war nur Pack, das da verbrannt wurde«, stößt sie schließlich voller Verachtung hervor. »Deutschland mußte sich bis zum letzten Stück von dieser miesen Rasse befreien.«

»Und du warst damit einverstanden?«

»Womit? Mit der Endlösung? Was glaubst du, warum ich in Birkenau war? Zum Vergnügen?«

Sie lacht, aber ihre Kinnlade hört nicht auf zu klappern.

»Nicht einmal mit den Kindern hattest du Mitleid?« frage ich und wage nicht, Eva anzusehen.

»Keine Spur«, erwidert sie prompt. »Ein jüdisches Kind wäre ein jüdischer Erwachsener geworden, und Deutschland mußte sich von dieser elenden Rasse befreien, wie oft soll ich dir das noch sagen?«

Ich atme tief durch. »Aber du warst doch selbst Mutter«, sage ich. »Du hattest selbst zwei Kinder. Hast du nie an uns gedacht, während die jüdischen Kinder in die Gaskammern wanderten?«

»Was hat das eine mit dem andern zu tun?«

»Ich meine ... Ist dir nie durch den Kopf gegangen, daß uns dasselbe geblüht hätte, wenn wir zufällig jüdische Kinder gewesen wären?«

»Meine Kinder waren aber Arier!« ruft sie entrüstet aus. »Und als solche hatten sie nicht das geringste zu befürchten. Meine Kinder waren perfekt, niemand hätte es gewagt, ihnen ein Haar zu krümmen!«

Bist du dir da wirklich sicher, Mutter? Glaubst du wirklich, uns arischen Kindern sei es in Hitlers großem Krieg gutgegangen? Etwa als Propagandaminister Joseph Goebbels dem deutschen Volk im Februar 1943 härteste Einschränkungen auferlegte – meinst du, davon waren die arischen Kinder nicht betroffen?

Von wegen kein Haar gekrümmt ... Gut, wir wurden nicht vergast, dafür hat man uns fast verhungern lassen – wir haben nachts von Kartoffeln geträumt, Mutter! Und dieses ganze Elend mußte ich alleine, ohne dich, ertragen, denn du warst ja nicht da. Du hattest deine Mutterrolle an andere abgetreten und bist deinen eigenen Weg gegangen.

Und so ist es geblieben. Als ich dich 1971 mit Renzo in Wien besuchte, hast du keine Sekunde lang versucht, die verlorene Zeit wiedergutzumachen, unsere Beziehung auf irgendeine Weise zu retten. Du wolltest nur, daß ich deine SS-Uniform anprobiere.

Heute ist es nicht anders: Auch jetzt verraten deine Augen nicht die geringste Spur von mütterlicher Zuneigung.

Ich betrachte dich, Mutter, und muß an das dünne Tagebuch denken, das meine Großmutter väterlicherseits mir kurz vor ihrem Tod gegeben hat. Papa hatte es ihr anvertraut, und sie reichte es an mich weiter. Seinen Seiten habe ich entnommen, daß unser Vater dich nie vergessen konnte, obwohl du ihm das Herz gebrochen hast. Nicht einmal die hübsche junge Ursula, die »Tochter aus gutem Hause«, die er in zweiter Ehe heiratete, konnte dich aus seinen Gedanken verdrängen.

Und auch mir ist es nie gelungen, dich ganz aus meinem Leben fortzudenken.

»Keiner hätte es gewagt, ihnen ein Haar zu krümmen.« Dabei waren wir stehengeblieben.

»Hast du dich während des Krieges nie gefragt, was wohl aus deinen Kindern geworden ist?« Wie lange trage ich diese Frage schon mit mir herum. Während ich sie stelle, merke ich zu meiner Erleichterung, daß ihr Kinn nicht mehr zittert.

Sie blickt mit leeren Augen durch mich hindurch. »Der Krieg...«, wiederholt sie wie im Traum. »In Birkenau habe ich nichts davon gemerkt. Ich war ja so beschäftigt...«

Sie fährt sich durchs Haar. »Aber dann kamen die Russen.« Ihr Blick wird wieder lebendiger, er wirkt jetzt angespannt. »Das muß im Januar gewesen sein... Ja, es war kalt. Sie haben uns wie Verbrecher behandelt, die Russen.« Ihre Stimme klingt zutiefst gekränkt. »Sie haben uns mit Gewehren bedroht und gezwungen, die Uniformjacken auszuziehen.«

Entsprechende Gesten begleiten ihre Worte.

»Wir mußten die Arme heben und ihnen unsere Achselhöhlen zeigen. Sie wollten sehen, ob wir dort die Tätowierung mit unserer Blutgruppe hatten.«

Meine Mutter lacht und knirscht dabei mit den Zähnen. »Aber wir Frauen von der SS waren nicht tätowiert, siehst du?« Sie krempelt den Ärmel ihres weiten Kleides hoch und zeigt mir ihre Achselhöhle. »Hier: keine Spur von Tätowierung!«

Was ich sehe, ist ihre runzlige, erschreckend bleiche Haut.

»Aber wir hatten natürlich Uniformen an.« Ihre Stimme klingt immer jammriger, immer seniler. »Wir Aufseherinnen trugen die Uniform der SS. Eine Kameradin versuchte sich durchzumogeln, sie deutete auf ihre Uniform und sagte: ›*Odolžat!* ›*Odolžat!*‹ Das sollte heißen, sie habe die Uniform bloß ausgeliehen, aber die Russen schlugen sie und schrien: ›*Lguna!*‹, ›Lügnerin‹, das weiß ich noch gut.«

Sie wischt sich eine Träne ab. »Wir wurden getrennt – die Kameraden auf eine, die Kameradinnen auf die andere Seite. Was waren wir traurig! Als die Kameraden abtransportiert wurden, schrien sie uns von ihren Lastwagen aus ›Heil Hitler!‹ zu; die Russen schlugen mit ihren Gewehrkolben auf sie ein, aber einige schrien trotzdem ›Heil Hitler!‹ – auf die Gefahr hin, augenblicklich erschossen zu werden.«

Meine Gedanken schweifen ab. Ich denke wieder an die Opfer, an die unzähligen Geschichten, die ich gelesen habe oder erzählt bekam. Um mich von deinen Wurzeln zu befreien, müßte ich dich hassen, Mutter. Aber das kann ich nicht. Ich schaffe es einfach nicht.

»Warum sagst du nichts mehr?« fragt meine Mutter beleidigt.

Sie hat also gemerkt, daß ich abwesend war, ich sollte mich ihr wieder zuwenden. Aber ich bin so müde und enttäuscht. Die Sache ist gelaufen, ich habe sie ein letztes Mal gesehen. Eigentlich könnte ich mich verabschieden. Ich sehe auf die Uhr. »Es gibt noch viele Fragen, die ich dir gern stellen würde«, sage ich vorsichtig, »aber ich sehe, es ist schon spät. Bald werden sie dich zum Mittagessen rufen, und wir ...«

»Frag ruhig, frag«, sagt sie etwas nervös.

»Dann laß uns über deine Gesundheit sprechen«, schlage ich vor. »Wirst du hier irgendwie behandelt?«

»Stell mir ruhig Fragen über Birkenau«, erwidert sie beinahe drängend. »Das ist es doch, was dich interessiert, nicht?«

Ihre Augen sehen mich jetzt wieder ganz klar und verständig an – ich kann mich nur wundern.

Trotzdem versuche ich, bei meinem Thema zu bleiben. »Erzähl mir von dir«, sage ich. »Also, wirst du hier ärztlich behandelt? Was für Medikamente bekommst du?«

»Fräulein Inge hat dir bestimmt erklärt, was ich nehme«, erwidert meine Mutter barsch. »Pillen und Tropfen, das nehme ich. Und ich bin durchaus nicht überzeugt, daß es etwas hilft. Sie wollen mein Gedächtnis verbessern, aber was soll ich damit?« Sie wirft mir einen listigen Blick zu. »Und überhaupt: Die Dinge, an die ich mich erinnern möchte, fallen mir sofort ein, und der Rest interessiert mich nicht«.

Einen Moment lang herrscht Schweigen, dann

lächelt sie mich aufmunternd an: »Also, was ist? Willst du nicht noch mehr über Birkenau wissen?«

Jetzt, wo sie mich drängt, wird mir klar, daß ich keine Fragen mehr habe. Dagegen empfinde ich eine gewisse Beklemmung beim Gedanken an den bevorstehenden Abschied.

»Woran denkst du?« fragt sie mich sanft, fast fürsorglich, beugt sich vor und nimmt wieder meine Hände.

Aber ich möchte ihr meine Verstörtheit nicht zum Geschenk machen und greife auf eine der Geschichten zurück, die mir vorher durch den Kopf gegangen sind. Der Betroffene selbst hat sie mir erzählt.

»Ich dachte an jemanden, den ich kenne ...«

»An wen?« Jetzt ist sie es, die mich ins Auge faßt und zwingt, ihren Blick zu erwidern.

»An einen Freund«, antworte ich.

»Warum hast du an ihn gedacht?«

»Er ist mit achtzehn Jahren nach Auschwitz deportiert worden«, sage ich und ziehe rasch meine Hände zurück. »Dort haben sie ihn kastriert.«

Meine Mutter lehnt sich mit einem empörten Schnauben zurück. »In Auschwitz kastriert?« fragt sie verächtlich und ungläubig. »Da muß er dir einen Bären aufgebunden haben.«

Diesmal explodiere ich: »Die Geschlechtsorgane dieses Mannes sind zwanzig Minuten lang mit Röntgenstrahlen bombardiert und dann entfernt worden, um seziert und unterm Mikroskop betrachtet zu werden! Und dabei hat er auch noch schwere Verbrennungen erlitten! Willst du etwa leugnen, daß in Auschwitz Experimente zur Sterilisation von Menschen gemacht wurden?«

»Das ist eine Lüge!« insistiert sie und präzisiert: »Gewisse Dinge wurden nur in Ravensbrück gemacht.«

»Und Mengele? Sagt dir der Name nichts?«

»Mengele?« wiederholt sie, als kaue sie auf einem zähen Stück Fleisch herum. »Nie gehört.«

Ich fühle mich provoziert, auf den Arm genommen. »Und was ist mit Meyer, Kaschub, Langben, Heyde, Renno, Brandt? Auch noch nie gehört?«

Ihre Lippen sind nur noch dünne Striche. »Nein, ich weiß nicht, wovon du sprichst.«

Sie runzelt die Stirn, verschränkt die Arme. »Außerdem habe ich keine Lust mehr, mich mit dir zu unterhalten; du ärgerst mich bloß.«

Sie erhebt sich und ist plötzlich übelster Laune. Ich beobachte sie, während sie das Zimmer durchquert – aufrecht und überhaupt nicht wacklig. Sie geht zu einer Topfpflanze mit roten Beeren und beginnt, die Früchte abzureißen und langsam mit den Fingern zu zerpflücken.

»Sag ihr was Nettes«, zischt Eva mir zu. »Ihr müßt in Harmonie auseinandergehen.«

Sie hat recht. Aber während ich noch nach einem passenden Satz suche, höre ich sie brummen: »Du hast mich nicht ein einziges Mal Mutti genannt.«

Sie wischt sich die Hände mit einem Taschentuch ab und wiederholt: »Du willst meine Tochter sein und hast mich nicht einmal Mutti genannt!«

Sie kommt zu mir, stellt sich vor mich. »Bin ich etwa nicht deine Mutter?« fragt sie in gekränktem

Ton und kneift mir in die Wange, als wäre ich ein kleines Mädchen. Ich nicke automatisch. »Dann nenne mich gefälligst Mutti!« schreit sie. »Die Kinder meiner Kameradinnen sagen alle Mutti zu ihren Müttern. Also tust du das auch. Los!«

Sie kreuzt die Arme vor der Brust und blickt mich gebieterisch an. Ich fühle mich in die Enge getrieben, bin völlig ratlos. Ich kann sie nicht Mutti nennen, ich bringe das nicht fertig.

»Was ist? Ich warte«, sagt sie im unnachgiebigen Ton eines Menschen, der sich im Recht glaubt. Ich könnte ihr antworten, daß sich die Kinder ihrer Kameradinnen wahrscheinlich im Laufe der Jahre daran gewöhnt haben, ihre Mütter Mutti zu nennen, aber ich fürchte, sie noch mehr zu erzürnen.

»Ich bringe es nicht fertig«, gebe ich schließlich zu.

»Du bringst es nicht fertig, mich Mutti zu nennen?« fragt sie verärgert.

»Nein. Ich bin nicht daran gewöhnt«, entgegne ich schulterzuckend.

Doch sie läßt nicht locker. »Ich will aber, daß du mich Mutti nennst! Andernfalls gehe ich raus und komme nicht wieder, nicht mal, um dir Aufwiedersehen zu sagen«, droht sie in kämpferischem Ton.

Mir ist klar, daß es sich um eine Laune handelt, weiter nichts; trotzdem fühle ich mich provoziert. »Ich kann nicht«, sage ich ziemlich gereizt. Im nächsten Moment überrascht mich meine Mutter mit einem neuerlichen Stimmungswechsel. Sie schlägt sich die Hände vors Gesicht und beginnt kläglich zu wimmern. »Bist du deshalb gekommen ... um mich zu erniedrigen? Mich, eine alte

Frau, die nicht mehr verlangt, als Mutti genannt zu werden ...« Sie hustet, weint und schluchzt, womit wir wieder beim Melodrama wären. Mein innerer Dämon stichelt mich erneut.

»Erpresse sie«, flüstert er mir zu. »Sag ihr, daß du sie nur Mutti nennst, wenn sie ehrlicher ist.«

Ich gebe ihm nach. »Vielleicht nennen die Kinder deiner Freundinnen ihre Mütter Mutti, weil es keine Lügen zwischen ihnen gibt.« Ich höre meine Stimme und erkenne sie nicht wieder: Es ist, als spräche jemand anders aus mir.

»Ich lüge nie!« erwidert meine Mutter beleidigt.

»Das ist nicht wahr«, sage ich. »Gerade hast du behauptet, noch nie den Namen Mengele gehört zu haben.«

Sie setzt ein schiefes Lächeln auf. »Na ja, vielleicht hatte ich ihn vergessen.«

»In Ordnung«, lenke ich ein, »aber tu das nicht wieder. Lüg mich nicht noch mal an, das ist absurd zwischen Mutter und Tochter, verstehst du?«

Sie schweigt und blickt mich an wie ein Unschuldsengel. Dann nickt sie und grinst verschlagen. »Wenn ich dir wahre Dinge erzähle, nennst du mich dann Mutti?«

»Ja, gut«, sage ich und komme augenblicklich auf das Thema zurück, das mich am meisten bewegt. »Ich hatte dir von diesem Freund berichtet, den sie in Auschwitz kastriert haben ...«

Meine Mutter schlägt die Augen nieder und schüttelt den Kopf.

»Wußtest du, daß in Auschwitz solche ... Dinge gemacht wurden?«

Ich höre meine Kusine seufzen, gehe aber erneut darüber hinweg.

»Aber ja doch!« platzt meine Mutter heraus. »Klar wußte ich das, ich hab schließlich als KZ-Aufseherin gearbeitet, wir wußten das alle.«

»Hast du einen der Ärzte, die in Auschwitz diese Versuche zur Sterilisation machten, persönlich ...«

»Brack«, fällt sie mir ins Wort. »Doktor Brack habe ich ziemlich gut gekannt.«

Aha, denke ich. »Tatsächlich? Und habt ihr manchmal darüber gesprochen, was er da ... zum Wohle der Menschheit macht?« frage ich unter Verwendung ihrer eigenen Worte.

»Ja«, erwidert sie, »einmal. Das war auf einem Fest ... oder besser auf einer Hochzeit. Eine meiner Kolleginnen hatte einen Kameraden der SS geheiratet ... Wir haben gefeiert ... Und er, Brack, war ein bißchen beschwipst.«

Sie schielt mich listig an. »Zuerst mußt du mich Mutti nennen, sonst verrate ich dir nicht, was Brack mir erzählt hat.«

»Na gut«, meine ich, aber es kostet mich eine Riesenüberwindung, das Wort auch nur in Gedanken zu formulieren.

Meine Mutter wartet und starrt mich an. Warum liegt ihr nach über fünfzig Jahren so viel daran? Wahrscheinlich eine Grille des Alters. Vielleicht will sie das Gefühl haben, ihren Kameradinnen in nichts nachzustehen.

Mutti ... verdient hat sie es nicht. Wie sie dasitzt und lauert, sie, die nie auch nur die geringste Spur von Mutterliebe gezeigt hat. Welche Anmaßung! Eigentlich will ich ihr die Trophäe nicht gönnen, aber ich denke an unsere Abmachung und daran, was ich dafür bekomme.

»Mutti«, stoße ich mühsam hervor.

Sie jubelt, klatscht in die Hände. »Noch einmal, noch einmal!«

»Mutti.«

An diesem Punkt beginnt sie zu heulen, aber es klingt nicht sehr überzeugend – viel zu laut, viel zu schrill. Vielleicht merkt sie es; vielleicht merkt sie, daß sie mich damit nicht beeindrucken kann. Sie hört also wieder auf, kauert sich in ihrem Sessel zusammen, zieht einen Schmollmund und brummt: »Ich habe keine Lust, über Brack zu reden, er war ein unsympathischer Kerl. Außerdem hat er über bestimmte Dinge gar nicht gesprochen – beispielsweise über die wissenschaftlichen Versuche, die er in seinem Block gemacht hat. Das war ein Geheimnis, verstehst du? Ein Staatsgeheimnis.«

Verlogen, opportunistisch, fanatisch, hinterlistig: So wird sie in ihrem Dossier charakterisiert.

In seinem Buch *Der SS-Staat* zitiert Eugen Kogon aus einem Bericht des SS-Oberdienstleiters Viktor Brack an Heinrich Himmler über die Vorversuche zur Sterilisation von Menschen:

»Folgendes Ergebnis kann als sicher und wissenschaftlich entsprechend unterbaut festgestellt werden. Sollen irgendwelche Personen dauerhaft unfruchtbar gemacht werden, so gelingt dies unter Anwendung so hoher Röntgendosen, daß mit ihnen eine Kastrierung mit allen ihren Folgen eintritt. Die hohen Röntgendosen vernichten nämlich die innere Sekretion des Eierstocks bzw. des Hodens [...] Grundsätzlich kann man bei stärkster Spannung und dünnem Filter sowie geringem Abstand mit einer Bestrahlungszeit von 2 Min. für Männer bzw. 3 Min. für Frauen auskommen. Dabei muß jedoch der Nachteil in Kauf genommen werden, daß, da eine Abdeckung der umliegenden Körperteile mit Blei nicht durchzuführen ist, das übrige Gewebe geschädigt wird und dadurch der sogenannte Röntgenkater auftritt. Bei zu großer Strahlenintensität zeigen sich dann in den folgenden Tagen oder Wochen an den von den Strahlen erreichten Hautteilen individuell verschieden starke Verbrennungserscheinungen.«

Da die Opfer nicht merken sollten, daß sie zwangssterilisiert wurden, machte Dr. Brack folgenden Vorschlag: »Ein Weg zur praktischen Durchführung wäre z.B., die abzufertigenden Personen vor einen Schalter treten zu lassen, an dem ihnen Fragen gestellt werden oder Formulare auszufüllen sind, was ungefähr 2 bis 3 Min. aufhalten soll. Der Beamte, der hinter dem Schalter sitzt, kann die Apparatur bedienen, und zwar dergestalt, daß er einen Schalter bedient, mit dem gleichzeitig beide Röhren (da ja die Bestrahlung von beiden Seiten erfolgen muß) in Aktion gesetzt werden. In einer Anlage mit zwei Röhren könnten also demgemäß pro Tag etwa 150 bis 200 Personen sterilisiert werden, mit 20 Anlagen also bereits 3000 bis 4000 pro Tag. [...] Als erste sollten zwei bis drei Millionen ›sehr gut arbeitsfähige Männer und Frauen‹ der europäischen Judenschaft auf diese Weise abgefertigt werden, wobei es unerheblich wäre, wenn die Betroffenen dann nach einigen Wochen bzw. Monaten an den Auswirkungen merken würden, daß sie kastriert sind.

Sollten Sie sich, Reichsführer, im Interesse der Erhaltung von Arbeitsmaterial dazu entschließen, diesen Weg zu wählen, so ist Reichsleiter Bouhler bereit, die für die Durchführung dieser Arbeit notwendigen Ärzte und sonstiges Personal Ihnen zur Verfügung zu stellen.«

»Jetzt bist du mir böse«, stellt meine Mutter fest. Sie legt den Kopf zur Seite und lächelt bedauernd. »Eigentlich ... eigentlich hab ich diesen Brack kaum gekannt«, gesteht sie halblaut.

Sie hat mich getäuscht, das weiß sie. Kälte breitet sich in mir aus.

»Du warst so goldig, als du klein warst«, versucht sie mir zu schmeicheln. »Meine Freunde wollten mich dazu bringen, daß ich ein Foto von dir in einer NS-Zeitschrift veröffentliche, so niedlich warst du.«

Ihre Freunde ... Ich muß mich wieder konzentrieren. »In welchem Jahr war das?«

»In welchem Jahr?« wiederholt sie und macht eine Handbewegung, als wolle sie einen Nebelschleier vor ihren Augen vertreiben.

»Warst du noch ... mit Papa zusammen?« hake ich vorsichtig nach.

»Mit Stefan?« Sie zuckt mit den Achseln.

Wie auch immer – diese »Freunde« dürften jedenfalls nur ihre Freunde gewesen sein.

Plötzlich steigt aus meiner Erinnerung ein Bild auf, klar und deutlich.

Kremmen, ein kleines Dorf unweit von Berlin. Ein Sommerhaus – Sockel aus Naturstein, der Rest Holz. Gartenmöbel aus Bambusrohr und heller Kiefer.

Die Fenster stehen offen; vom kastanienbestandenen Dorfplatz her hört man die Abendglocken.

Vor dem Haus ist ein kleiner Garten, aber es spielt sich alles im rückwärtigen Teil des Hauses ab. Unter den Linden im Hof rennt die Gans der Nachbarn schnatternd hinter meinem Bruder Peter her.

Eine kleine Holztür führt in den Garten, an dessen Farben, Geräusche und Düfte ich mich noch genau erinnere: Jasmin, Holunder, aus dessen Beeren sich eine witzige lila Suppe zubereiten läßt, und Hundsrosen, deren Hagebutten eine leckere Marmelade ergeben. Schwalben unter den Dachvorsprüngen, auf einer nahe gelegenen Scheune zwei Störche, und dies alles untermalt vom fröhlichen Lied der Lerchen. Daß wir uns im Krieg befinden, ist mir damals noch gar nicht bewußt.

Die Szene spielt sich im Wohnzimmer ab. Es ist Abend, die Sonne steht tief, der Garten verströmt einen angenehmen Geruch nach feuchter Erde.

Es sind Leute da. Meine Mutter lacht viel. Außer an sie erinnere ich mich an eine weitere Frau und drei Männer. Die Gäste sind alle in Uniform, auch die Frau.

Irgendwann nimmt meine Mutter Peter hoch, er zappelt und quietscht, meine Mutter möchte, daß er jedem Gast einen Kuß auf die Wange gibt, aber Peter sträubt sich. Jedesmal, wenn sie ihn einem Gast hinhält, dreht er das lockige Köpfchen zur andern Seite. Er ist trotzig. Und er weigert sich standhaft, fremde Leute zu küssen.

Meine Mutter wird nervös: »Kleiner Lausebengel!« zischt sie ihn an, aber Peter hat es endgültig satt: Statt einem uniformierten Herrn die kratzige Wange zu küssen, versetzt er ihm einen Tritt in den Bauch. Der Betroffene schreit lachend auf. Meine Mutter setzt den kleinen Rebellen enttäuscht wieder ab, worauf dieser mit lustigem Gebrabbel durchs Wohnzimmer kriecht.

Mir für meinen Teil schwant Böses. Ich versuche, mich in aller Eile zu verdrücken, aber meine Mutter erwischt mich. Jetzt bin ich dran, die Forderung ist dieselbe. Ich kriege Bauchweh. Auch mir widerstrebt es, fremde Leute zu küssen, aber meine Mutter sieht mich so streng an, daß ich nachgebe und lustlos meine Küßchen verteile. Dann aber ist ein Mann an der Reihe, der mir vom ersten Moment an unsympathisch war. Er ist groß und hat Augen, die mir angst machen. Es sind sehr helle Augen, ähnlich denen von Siamkatzen, Augen, die Glassplitter zu versprühen scheinen.

Ich stehe vor ihm. Er beugt sich mit einem eisigen Lächeln zu mir hinunter, um diesen dummen Kuß in Empfang zu nehmen, doch ich habe genug und ... beiße ihn ins Kinn.

Er fährt zurück, hält sich mit der Hand das Kinn, meine Mutter schüttelt mich und brüllt mich an. Ich weine nicht, aber ich hasse alle.

Eine Viertelstunde später. Im Wohnzimmer ist jetzt niemand mehr. Peter hat die Kehrschaufel entdeckt und trampelt fröhlich darauf herum. Dann setzt er sich drauf wie auf einen Schlitten. Ich hocke auf dem Boden und schaue ihm zu. Er ist ein richtiges kleines Teufelchen.

Plötzlich wirft jemand ein großes Fischernetz über uns. Ich begreife nicht, woher das Ding kommt und warum sie es über uns geworfen haben, ich bin nur fürchterlich erschrocken.

Ich schreie, Peter auch, er klammert sich an mich und kreischt. Wir zappeln und strampeln, aber je mehr wir uns aus der unangenehmen Umschlingung zu befreien versuchen, desto mehr verheddern wir uns in dem Netz und desto lauter brüllen wir.

Die Großen lassen sich nicht blicken. Vielleicht stehen sie hinter der Tür und beobachten uns, ergötzen sich an unserer Angst, weiden sich an unserem namenlosen Entsetzen.

Wir sind wie Käfer, die auf dem Rücken liegen, wir zappeln und schreien. Die Sonne ist untergegangen, und die Nacht wirft durchs Fenster ihre Schatten voraus.

Eine Falle. Die Welt der Erwachsenen hat uns eine Falle gestellt, ist unversehens böse und zynisch geworden.

(Meine Mutter hatte uns freilich schon öfter Angst eingejagt, vor allem in Zusammenhang mit ihren drakonischen Strafen. »Ihr sollt nicht denken, sondern wissen«, hätte das Motto meiner Stiefmutter lauten können, das meiner Mutter hingegen: »... und vor allem gehorchen.« Sie reagierte geradezu allergisch auf jede Art von Ungehorsam, duldete nicht das leiseste Aufbegehren. Ich hatte als Kind einen ziemlich rebellischen Charakter, aber wenn ich auch nur zu murren wagte, wurde ich sofort in die Rumpelkammer eingeschlossen. In Berlin-Niederschönhausen hatten wir eine, die nur ein winziges Fensterchen besaß; selbst das deckte meine Mutter mit einem Stück Karton ab, so daß ich stundenlang im Stockdunkeln saß. Eine andere Strafe, die ich schon mit vier Jahren als schrecklich empfand, bestand darin, uns eine dreifache Portion Lebertran zu verabreichen. Auch Peter, der sich noch in die Hose machte, wenn er merkte, daß unsere Mutter nervöser und gereizter als sonst war, haßte den Lebertranlöffel wie die Pest und fing an zu schreien, wenn er ihn bloß sah. Eines Tages schlug er ihn meiner Mutter sogar aus der Hand, so daß ihr der Tran ins Gesicht spritzte. Sie wurde fuchsteufelswild, flößte Peter die scheußliche Medizin mit aller Gewalt ein und sperrte ihn danach in den großen Kleiderschrank im elterlichen Schlafzimmer [mein Vater war damals bereits im Krieg]. Dort wäre er beinahe erstickt. Als sie ihn endlich befreite, kauerte er auf dem Boden, den Kopf auf eine Schuhschachtel gelegt. Diesmal fuhr meiner Mutter wirklich der Schreck in die Glieder; sie packte den kleinen Peter und schüttelte ihn wie besessen, denn er sah aus wie bewußtlos oder gar tot, obwohl er wahrscheinlich nur etwas benommen war durch den Sauerstoffmangel.)

Der Alptraum von Kremmen geht weiter. Die Erwachsenen lassen sich nach wie vor nicht blicken, Peter und ich sind immer noch in diesem gräßlichen Fischernetz gefangen. Peter brüllt wie am Spieß, gräbt mir seine Fingernägelchen in den Arm. Für uns Kinder ist es, als wäre die Realität aus den Fugen geraten. Wir fühlen uns in eine fremde, unheimliche Welt versetzt, in der sich unsere Mutter plötzlich in eine Hexe verwandelt hat, um ihre Freunde mit diesem dummen, grausamen Scherz zu unterhalten.

Ich beginne mit schriller Stimme nach ihr zu rufen. »Mutti! Mutti!« schreie ich schluchzend und flehe sie an, uns zu befreien. Endlich kommt sie. Sie hat vor lauter Lachen Tränen in den Augen. Auch ihre Gäste lachen. Sie haben sich köstlich amüsiert, das merkt man. Und ich schwebe zwischen Groll und Erleichterung und hasse sie alle noch viel mehr, vor allem aber hasse ich den Mann, den ich vorher gebissen habe; er hat jetzt ein breites Grinsen im Gesicht und zeigt mir seine langen, spitzen Zähne, die mich an einen Hai mit vollem Bauch erinnern.

Es ist vorbei, Mama befreit uns.

Mein Bruder und ich leiden seit diesem Tag an Klaustrophobie.

Peter kam in Berlin-Niederschönhausen zur Welt, in unserer Wohnung in der Nordendstraße.

Als wenige Jahre später Ursula, die Stiefmutter, in unser Leben trat, akzeptierte er sie instinktiv und ohne Rückhalt. Nach Mutters »Verschwinden«

hatte sich etwa ein Jahr lang die Großmutter um uns gekümmert, und zum Zeitpunkt der Heirat meines Vaters mit Ursula schien Peter seine biologische Mutter völlig vergessen zu haben. Ursula bleute mir ein, ihm ja nicht zu sagen, daß sie nicht seine wirkliche Mutter sei; ich gab ihr mein Wort und hielt es. Wir erfanden, Ursula sei lange krank gewesen und endlich aus irgendeinem weit entfernten Krankenhaus zurückgekehrt, und Peter wuchs in der Überzeugung auf, sie sei seine echte Mutter. Ich schwieg, zunächst, weil ich meine Stiefmutter fürchtete, später, weil die Lüge auf lange Sicht zur Gewohnheit wird.

Aber das ist nicht alles.

Eines Morgens unmittelbar nach Kriegsende, als ringsum nichts als Chaos, Verwirrung und Zerstörung herrschten und man den neuen Behörden das Blaue vom Himmel erzählen konnte unter dem Vorwand, man habe seine Ausweispapiere verloren – viele hatten sie in den Bombardements ja wirklich verloren –, ging meine Stiefmutter hin und ließ sich eine Geburtsurkunde für Peter ausstellen, in der sie als Mutter eingetragen war. Der Betrug flog erst auf, als mein Bruder später heiraten und die nötigen Papiere dafür vorbereiten wollte. Die Österreicher (wir waren 1948 in Vaters Heimat zurückgekehrt) verlangten eine authentische Geburtsurkunde von ihm, die er daraufhin beim Standesamt in Berlin anforderte. Die Antwort ließ nicht lange auf sich warten, nur daß er unter dem Punkt »Angaben zur Mutter« einen Vor- und einen Nachnamen las, die ihm völlig unbekannt waren.

Seine geliebte »Mutter« hatte ihn sechsundzwanzig Jahre lang belogen, unter meiner Mithilfe und der unseres Vaters. Selbst unsere Großmutter hatte mitgespielt: Wenn sie über die erste Frau meines Vaters sprach, schien immer klar, daß nur ich Tochter »dieser Hexe« sei. Auf diese Weise hat Peter nicht nur eine, sondern zwei Mütter verloren. Die späte Enthüllung war ein schwerer Schock für ihn und hat zwischen ihm und unserer Stiefmutter einen unüberwindlichen Graben aufgerissen.

Großmutter hatte mir erzählt, daß meine Mutter aus blinder Treue zur SS keine christliche Weihnacht mehr feiern wollte. Sie ging auch nicht mehr in die Kirche. Am 24. Dezember wurde bei uns das Sonnwendfest begangen, das Himmler wieder eingeführt hatte. Die SS verteilte Heftchen mit genauen Anleitungen über das Wie und Wo der Feierlichkeiten.

Kurz vor Weihnachten begann meine Mutter hektisch zu backen, allerdings hatten ihre Plätzchen jetzt die Form von Runen, Kränzen und Spiralen – laut SS-Broschüre Symbole für die Unvergänglichkeit der Welt, für die ewige Rückkehr und für die Sonne, aus der alles Leben auf der Erde kommt. Der Tannenbaum durfte ausschließlich mit diesen Plätzchen geschmückt werden, alles andere verbot die Broschüre, also kein Lametta, keine bunten Kugeln oder sonstigen Flitterkram.

Großmutter, die an Weihnachten zusammen mit dem Großvater aus Polen anreiste, um mir und Peter Geschenke zu bringen, kritisierte meine Mutter scharf – sie könne wegen ihrer »SS-Schrullen« doch uns Kinder nicht um das traditionelle Weihnachtsfest bringen, wie es alle »normalen Leute« begingen. Ich erinnere mich an fürchterliche Auseinandersetzungen; einmal ging meine Großmutter sogar so weit, sämtliche Runen, Kränze und Spiralen, die meine Mutter gebacken hatte, in den Mülleimer zu werfen. Bei dieser Gelegenheit wäre es beinahe zum Bruch gekommen, jedenfalls reisten die Großeltern Hals über Kopf wieder ab.

Später erfuhr ich, daß mein Vater der Großmutter gegenüber grundsätzlich die Partei meiner Mutter ergriff, auch wenn er deren politischen Aktivismus durchaus nicht billigte. Großmutter nahm ihm das sehr übel – sie war von Anfang an gegen »das närrische Weib« gewesen, das er da durchaus hatte heiraten wollen.

Was den Fanatismus meiner Mutter betrifft, so glaube ich, daß er typisch war für die doppelte Moral der SS-Leute: Hinter einer nüchternen Fassade der Strenge, Ehrenhaftigkeit, Mäßigkeit und Besonnenheit verbargen sich wahre Abgründe von Zügellosigkeit, Fanatismus, Dünkel – und ein grenzenloser Machthunger.

Fräulein Inge steckt den Kopf zur Tür herein: »Wie geht's? Darf ich den Damen etwas anbieten? Tee, Kaffee oder etwas anderes?« Hinter ihrem Rücken späht jemand neugierig zu uns herein.

Meine Mutter gibt sich entrüstet: »Sonst bieten Sie mir um diese Uhrzeit nie etwas an!«

Fräulein Inge tritt herein. »Heute ist ja auch ein besonderer Tag! Und Ihre Gäste kommen von weit her.«

Meine Mutter wirft mir einen überraschten Blick zu: »Wieso, woher kommst du denn?«

»Aus Italien«, erwidere ich.

»Warum aus Italien?«

»Weil ich dort lebe.«

»Seit wann?«

»Seit 1963.«

Sie ist verblüfft. »In Italien ...«, wiederholt sie mehrmals. »Meine Tochter lebt in Italien.«

Fräulein Inge drängt uns freundlich. »Also, meine Damen, was darf ich Ihnen bringen?«

Noch bevor Eva und ich antworten können, erklärt meine Mutter in gebieterischem Ton: »Ich bekomme einen Apfelsaft!«

Fräulein Inge nickt. »Gut. Und Sie?«

Eva bittet um einen Kaffee, und ich schließe mich ihrer Wahl an.

Als Fräulein Inge wieder weg ist, sagt meine Mutter eine Weile gar nichts. Sie hat sich neben eins der großen Fenster geflüchtet und brütet finster vor sich hin. Plötzlich schreit sie: »Ich will nicht verhört werden! Du bist eigens aus Italien gekommen, um mich zu verhören, aber das gestatte ich dir nicht!«

Ich bin bestürzt: Ob sie mir da eine Wahrheit ins Gesicht schreit, für die ich selbst blind bin?

»Nein, ich will dich nicht verhören, ich möchte mich nur mit dir unterhalten«, versichere ich so glaubhaft wie möglich, aber sie kauert sich in ihrem Sessel zusammen, starrt mich aus weit aufgerissenen Augen an und krächzt mit Grabesstimme: »Ich bin unschuldig. Keiner kann mir etwas vorwerfen. Ich habe nur gehorcht und Befehle ausgeführt. Wir haben alle nur gehorcht, alle meine Kameraden und überhaupt alle Deutschen, warum will man das bestreiten? Selbst die Kinder haben ihren Lehrern blind gehorcht und sich strikt an die Anordnungen von oben gehalten.«

Ein zitternder Zeigefinger richtet sich drohend auf mich. »Auch du hast gehorcht! In der Schule hat man dir beigebracht, die Juden zu hassen, also hast du sie gehaßt. Oder kannst du mir das Gegenteil beweisen?«

Ihre Augen blitzen empört, ihr Gebaren ist aggressiv und drohend. So erregt und feindselig habe ich sie noch nicht erlebt, seit ich hier bin.

»Du bist sogar aus Italien gekommen, um mir den Prozeß zu machen, aber ich werde den Spieß umdrehen und dir den Prozeß machen, meine Liebe!« schreit sie mit haßerfüllter Stimme. »Ich lasse nicht zu, daß du mich verhörst, verstanden? Ich verbiete es dir!«

Sie atmet kurz, ihre Wangen glühen in dem noch fahlen Gesicht.

»Heute spuckt alles auf Deutschland«, wettert sie, »und wißt ihr, warum? Weil wir den Krieg verloren haben. Hätten wir ihn gewonnen, würde die ganze Welt dem Führer die Füße küssen, und nicht nur die.«

Sie lacht auf. »Und nicht nur die«, wiederholt sie – der Satz scheint ihr zu gefallen.

Ihre Worte sind mir nicht neu; im Nachkriegs-Berlin habe ich sie so oder ähnlich zigmal gehört. Als den Deutschen 1945, nach der Kapitulation, aus der ganzen Welt Haß und Verachtung entgegenschlugen, glaubten nicht wenige, mit derlei Aussagen einen kümmerlichen Rest Stolz retten zu können.

Ich wechsle einen Blick mit Eva, aber schon fährt meine Mutter mit ihrer boshaften Anklage fort: »Tu bloß nicht so unschuldig, du entwischst mir nicht, meine Liebe! Oder kannst du ehrlich behaupten, nie Haßgefühle gegen einen Juden gehegt zu haben?«

Ich bete inständig, Fräulein Inge möge mit dem Kaffee hereinkommen, aber sie tut es nicht. »Denk mal nach!« krächzt die Falsettstimme meiner Mutter.

Sie hat es geschafft. Eine häßliche Erinnerung steigt aus meinem Gedächtnis empor.

1943 war ich ins Internat gekommen, und zwar in Eden bei Oranienburg. Dort wohnten wir in einem gediegenen Haus mit Garten und Obstbäumen und schliefen direkt unterm Dach. Aber selbst im kleinen Eden blies der gewalttätige, todbringende Sturm des Krieges.

Ich litt sehr unter Heimweh nach Berlin, nach meinem kleinen Bruder und dem »angeheirateten« Opa, an dem ich sehr hing – meine Stiefmutter hatte mich, wie gesagt, aus dem Haus verbannt.

Doch wider Erwarten stieß ich im Internat auf Warmherzigkeit und Verständnis. Mit der Zeit faßte ich große Zuneigung zu Frau Heinze, der Rektorin; sie war, ich erwähnte es bereits, die einzige Frau, die ich nach dem Verschwinden meiner Mutter »Mutti« genannt habe.

Die Internatsschüler waren vorwiegend Kinder, die ihren Familien aus verschiedenen (wie in meinem Fall meist fadenscheinigen) Gründen lästig waren, Kinder aus kaputten oder geschiedenen Ehen, Waisen, von denen niemand etwas wissen wollte.

Der Krieg tat ein übriges.

Das Knattern der feindlichen Artillerie war auch im Internat zu hören, zwar in weiter Ferne, aber nachts versetzte es uns trotzdem in Panik. Zu Beginn des Krieges starben nur Soldaten, so erzählte man uns, später mußte auch die Zivilbevölkerung daran glauben. Die Soldaten starben auch nicht, sie »fielen«, und man errichtete Denkmäler zu ihren Ehren. Die normalen Bürger fielen nicht, die starben, und keiner kam auf die Idee, irgend etwas zu errichten, um ihrer oder ihrer Kinder, Frauen und Mütter zu gedenken.

Tagsüber war es nicht so schlimm, da hatten wir Rutschbahnen und Schaukeln, mit denen wir so hoch hinaufschaukeln konnten, daß wir über den Zaun auf die mit Platanen gesäumte Landstraße sahen, auf der zwischen Mähdrescher und Güllefaß Soldaten marschierten und Wehrmachtspanzer vorüberrasselten.

Wenn Mutti Heinze abends die spärlichen Brotrationen austeilte, konnte ich ihr immer ein Lächeln entlocken, manchmal sogar ein Streicheln. Diese liebevolle Zuwendung war etwas ganz Neues, Wundervolles für mich, ich lechzte förmlich danach, denn sie gab mir Kraft und Zuversicht.

Als wir an jenem Morgen aus dem Internat traten, war die Welt voller Rauhreif. Bis zur Schule waren es höchstens dreihundert Meter, wir gingen den Weg immer allein – eine kleine Herde von Schäfchen, angeführt von den elf- bis zwölfjährigen Jungs. Die Leute nannten uns die »Kinder von Mutter Heinze«. Wir hielten immer fest zusammen.

Etwa fünfzig Meter vom Schulgebäude entfernt, nahmen wir einen Menschenauflauf wahr: Keine Frage, da wurde jemand verprügelt. Im Näherkommen sahen wir, daß es sich um einen Mann und eine Frau handelte. Wir blieben erschrocken stehen, verfolgten verstört das Geschehen – eine Szene blinder Gewalt. Irgendwann löste sich aus der Gruppe der Schläger ein junger Bursche und erklärte uns, es sei ein jüdisches Ehepaar. Die beiden hätten eine Zeitlang Unterschlupf bei einem Freund der Familie gefunden, dann habe dieser jedoch einrücken müssen; der Mann und die Frau hätten es noch ein paar Wochen fast ohne Lebensmittel ausgehalten, letzten Endes ihr Versteck aber doch verlassen müssen.

Der Anführer unserer kleinen Gruppe sagte: »Laßt uns weg hier, in die Schule.«

Ein Mädchen weinte: »Warum schlagen sie diese Leute?« Das Paar war fürchterlich zugerichtet und flehte die Angreifer an, sie nicht der Gestapo auszuliefern.

Plötzlich schrie einer der Schläger: »Los, Kinder, wenn ihr gute Nationalsozialisten seid, dann helft uns!« Seine Kameraden feuerten uns mit lauten Zurufen an.

Ich könnte nicht sagen, was genau der Auslöser war, ich weiß nur, daß wir plötzlich wie elektrisiert waren, als sei eine Art Uraggressivität in uns geweckt worden, als hätten diese Rowdys uns mit ihrem Haß angesteckt.

Alle auf einmal fielen wir Kinder über die beiden Unglücklichen her und malträtierten sie mit Fäusten und Füßen. Der eine spuckte sie an, der andere trampelte auf ihren Händen herum, während sie hilflos am Boden lagen. Ich bückte mich zu der Frau hinunter und riß sie an den Haaren. Ich riß richtig fest und schrie: »Böse Jüdin!« Sie starrte mich an – sprachlos vor Entsetzen; ich werde diesen Blick nie vergessen.

Der Kopf der Frau lag in einem Kuhfladen, ihre Haare waren völlig verschmiert, aber ich kannte weder Mitleid noch Erbarmen.

Natürlich war die Gestapo längst benachrichtigt, sie kam in einem Mannschaftswagen angebraust, der mir riesig erschien und in den nicht zwei, sondern fünfzig Juden hineingepaßt hätten. Mit hysterischem Gebrüll sprangen fünf oder sechs Männer mit einem Rudel knurrender Hunde heraus.

Während ich mir sage, daß es auch mir nicht zusteht, den ersten Stein zu werfen, kommt Fräulein Inge mit den beiden Kaffees und dem Apfelsaft zurück.

Meine Mutter stürzt sich gierig auf ihr Glas und trinkt es in einem Zug leer; dann stellt sie es auf den Tisch und sieht mich fragend an. »Wo waren wir stehengeblieben?«

Ich zögere, hoffe, daß sie den Faden verloren hat, als sie in sehr bestimmtem Ton erklärt: »Du hast nichts von deinem Vater! Du kommst ganz nach mir.«

Ich muß ihr leider recht geben. Viel lieber hätte ich wie Peter Ähnlichkeit mit meinem Vater gehabt, aber es ist nicht zu ändern – ich bin ein Ebenbild meiner Mutter.

Obwohl sie anscheinend vergessen hat, wo wir unmittelbar vor Fräulein Inges Eintreten stehengeblieben waren, kehrt sie in gewisser Weise doch zum selben Thema zurück. »Selbst dein Vater hat sich dem Regime gebeugt«, sagte sie mit einem Anflug von Sarkasmus in der Stimme. »Er, der edle Mensch mit den vornehmen Idealen. Ein guter Maler war er ja, das muß man ihm lassen; er hatte Talent. Stell dir vor, als wir uns kennenlernten, verehrte er Künstler wie Schlichter, Grosz, Klee, Dix, Nolde. Einige zählte er sogar zu seinen Bekannten.«

Sie wirft mir einen kritischen Blick zu, als zweifle sie an meinen kunsthistorischen Kenntnissen, und meint: »Aber diese Namen sagen dir vielleicht gar nichts.«

Ich verzichte auf Einspruch, auch weil meine Mutter bereits weiterredet. »Irgendwann hat Stefan sich dem von Hitler verordneten Neoklassizismus verschrieben.« Ihre Erinnerungen sind jetzt gestochen scharf. »Er malte Landschaften und Porträts, Sonnenuntergänge und Stilleben, Bauern und Triften, Menschen bei der Arbeit, Pferde und ländliche Szenen. Manchmal hat er auch exotische Tiere aus Biologiebüchern kopiert. Er hatte sogar Ausstellungen. Auf einer hat er übrigens Hilde kennengelernt; sie hat ihm ein Bild abgekauft: *Löwen in der Savanne.*«

Ein böses Lächeln umspielt ihre Lippen. »Und als ich dann gegangen bin, hat die gute Hilde die Gelegenheit beim Schopfe gepackt und Stefan ihr kleines Schwesterchen vorgestellt.«

Ich bin überrascht, diese Vorgeschichte kannte ich nicht.

»Unangenehme Person, diese Hilde«, kommentiert meine Mutter bitter. »Ich konnte sie nie leiden. Hat sich wunder was eingebildet, bloß weil sie im Büro des Propagandaministers gearbeitet hat. Bin heute noch davon überzeugt, daß sie in ihn verliebt war, aber er hat sie natürlich nicht mal angeschaut. Sie war ja sehr tüchtig, das will ich nicht bestreiten, aber als Frau hat sie Goebbels keine Spur interessiert, bei all den Schauspielerinnen, die ihm zu Füßen lagen. Von seinem Verhältnis mit der Baarová ganz zu schweigen! Nein, Goebbels sah eine gute, verläßliche Sekretärin in ihr, weiter nichts.«

Ich kann nur staunen. Die Wandelbarkeit meiner Mutter erinnert mich an die eines Chamäleons.

Sie trägt keinerlei Schmuck, nicht einmal einen Ring, nichts. Fingernägel und Haare wirken gepflegt. Es ist, als lasse sie sich noch immer von der militärischen Strenge und Disziplin der Nazizeit leiten.

Was sie mir über meine angeheiratete Tante erzählt, interessiert mich. Ich erinnere mich an eine kühle, distanzierte Hilde im Berlin der vierziger Jahre; sie kam meistens in höchster Eile nach Hause, zog sich nur rasch um und ging gleich wieder ins Büro. Mit Fortschreiten des Krieges sahen wir sie immer seltener; oft schlief sie im Bunker des Ministeriums oder in Goebbels' Privatbunker in seiner Villa am Tiergarten.

Damals wußte ich nur, daß sie für diesen Herrn arbeitete, der aus den Lautsprechern auf der Straße und aus den Volksempfängern brüllte; erst viel später begriff ich, wer Joseph Goebbels wirklich war und welchen Rang er in der Hierarchie des Dritten Reichs bekleidete.

Jetzt schweigt meine Mutter, aber sie hat mich neugierig gemacht. Ich stelle ihr noch eine Frage zu Hilde, doch sie wird plötzlich ganz zornig: »Dein Vater hat nicht mal ein Jahr gewartet, um diese ... diese Ursula zu heiraten!«

»Er hatte zwei kleine Kinder, es war Krieg«, wende ich ein. »Er wollte uns eine Mutter geben.«

»Blödsinn!« fährt sie mich an. »Das war überhaupt nicht nötig. Für euch hätte das Reich gesorgt. Das Reich, jawohl, und zwar hundertmal besser als jede Stiefmutter!«

Ich erwidere nichts.

Glücklicherweise brach das Reich zusammen, bevor es mich und Peter in die Krallen bekam. Beim Gedanken an das Übel, dem wir da entronnen sind, läuft mir eine Gänsehaut über den Rücken.

»Ich wollte keine Stiefmutter, ich wollte die Großmutter«, murmle ich leise in mich hinein.

Meine Mutter wirft mir einen Blick zu, den man tatsächlich für betrübt halten könnte. »Möchtest du Ursula nicht?« fragt sie halblaut.

Ich zögere. Lieber würde ich mich nicht über dieses Thema verbreiten. »Zu mir war sie nicht besonders nett«, antworte ich knapp. »Sie konnte mich nicht leiden. Sie konnte mich nie leiden.«

Was hätte ich über meine zweite Mutter auch groß sagen können? Daß sie mir vom ersten Tag an feindselig begegnete? Daß sie den Umstand, daß mein Vater im Feld war, ausnutzte, um mich zuerst in eine Anstalt für Schwererziehbare, dann ins Internat zu stecken, und daß sie ihn nach dem Krieg so lange bearbeitete, bis er mich neuerlich in ein Internat sperrte?

Ich schweige, in Erinnerungen versunken.

»Meine armen Kinder ...«, wimmert sie jetzt. »Als du klein warst, habe ich dich Mausi genannt«, erinnert sie sich zum zweitenmal, »und Peter ...« Sie runzelt die Stirn. »Das weiß ich nicht mehr.« Sie macht eine bekümmerte Miene und sagt eine Weile gar nichts. »Aber du warst sehr lebhaft«, fährt sie dann fort, »das reinste Quecksilber. Du hast jeden Hund gestreichelt, dem wir begegnet sind, und du warst sehr dickköpfig. Du hast Brot aus der Speisekammer gestohlen und bist gern auf einem Bein gehüpft. Folgen wolltest du nie, und einmal bist du in einen Teich gefallen.«

Die Geschichte mit dem Teich kenne ich bisher nur aus den Erzählungen meiner Großmutter. Ich bin neugierig, die Version meiner Mutter zu hören.

»Wie ist das passiert?« frage ich.

»Es war in Köstendorf«, sagt sie, ohne lange nachzudenken. »Ich hab dich dorthin gebracht, damit du mal ein bißchen gute Luft bekommst. In Berlin haben wir nur heißen Staub eingeatmet.«

»Köstendorf in Österreich?«

»Ja. Mein Onkel hatte dort ein Gut. Und da gab es einen Teich, der ganz mit Seerosen zugewachsen war, Blüten und Blätter. Du dachtest, es sei eine Wiese, und bist seelenruhig reingelaufen.«

Sie lacht. Ich wäre damals beinahe ertrunken, und sie lacht, wenn sie sich daran erinnert.

»Und wo warst du?« frage ich.

Sie weicht meinem Blick aus. »Das weiß ich nicht mehr«, sagt sie gereizt.

Ich bringe es nicht über mich, das Thema fallenzulassen. »Wie bitte?« platze ich wütend heraus. »Du weißt nicht mehr, wo du warst, als ich in den Teich gefallen bin? Wie kann man so etwas vergessen?«

Sie wirft mir einen seltsamen Blick zu, dann blitzen ihre Augen zornig auf, und sie schreit mit Falsettstimme: »Ich erlaube dir nicht, mich zu verhören! Das erlaube ich dir nicht!«

Aber ich erinnere mich sehr gut an den Bericht meiner Großmutter.

Mit der Annexion Österreichs war Adolf Eichmann nach Wien geschickt worden, um die Zwangsausweisung der Juden zu organisieren. Er hatte sein Hauptquartier im Schloß der Rothschilds eingerichtet, und genau dorthin wurden alle österreichischen Juden bestellt. Nach Aberkennung ihrer Staatsbürgerschaft und Beschlagnahmung sämtlichen Eigentums stellten die Nazis ihnen einen Passierschein aus und forderten sie auf, das Land umgehend zu verlassen und nie mehr wiederzukehren.

Meine Großmutter väterlicherseits – seit jeher das einzige Verbindungsglied zwischen mir und meiner Vergangenheit – hat mehrmals davon gesprochen, daß meine Mutter irgendwie mit Adolf Eichmann in Verbindung stand. Ich kenne keine Details, ich weiß nur, daß meine Mutter in der Zeit, in der wir uns auf dem Gut in Köstendorf aufhielten, von Eichmann nach Wien zitiert wurde – ich glaube, das war unmittelbar bevor Hitler ihn als Leiter des »Judenreferats« nach Berlin zurückbeorderte. Wer aber sollte auf mich aufpassen, solange meine Mutter in der Hauptstadt war? Das war ein echtes Problem, denn in dieser Zeit fielen dringende Arbeiten auf dem Feld an, und es gab niemanden, der ständig ein Auge auf mich haben konnte, zumindest keinen Erwachsenen. Also griff man auf Siegele zurück, ein dreizehnjähriges Mädchen, das die Aufgabe hatte, die Kühe bei schönem Wetter auf eine Weide nahe dem Gutshaus zu treiben. Man legte mir eine Art Geschirr mit Leine an und ermahnte Siegele streng, mich keinen Augenblick loszulassen, aber irgendwann tat sie es doch, um kurz ein Geschäft zu verrichten. Als sie wieder aufsah, war ich nicht mehr da – ich war kurz entschlossen auf den Teich zugestapft und prompt im Wasser gelandet. Es war glücklicherweise nicht sehr tief, und ich war überdies im seichten Uferbereich steckengeblieben, so daß Siegele mich leicht wieder herausholen konnte. Bis auf die Tatsache, daß ich Halsweh bekam und Siegele natürlich fürchterlich geschimpft wurde, hatte die Sache kein weiteres Nachspiel, wenigstens nicht für mich. Sehr wohl aber für meine Großmutter, die fortan keine Gelegenheit verpaßte, mit der Episode den Leichtsinn ihrer Schwiegertochter herauszustreichen.

Wie auch immer, zu dieser Zeit war meine Mutter mit Peter schwanger, und so konnte sie zwar dienstfertig nach Wien eilen, die Aufgabe, die Eichmann ihr dort vorschlug, aber nicht annehmen – egal, worum es sich handelte.

Ich betrachte meine Mutter mit einem Gefühl resignierten Grolls. Schade, sie hat es erneut geschafft, der Wahrheit auszuweichen – schlau, wie sie ist; verlogen, wie sie ist. Sie ist sogar heuchlerisch, aber sie ist meine Mutter. Und ich werde mich bald für immer von ihr verabschieden.

Während mich ein Schauer überrieselt, suche ich ihren Blick, doch vergeblich, sie ist jetzt ganz in sich selbst versunken, schaut in sich hinein, sieht nur, was sie sehen möchte. Mein Gott, denke ich, was wird mir von dieser Begegnung bleiben? Was hat sie mir vermittelt in diesen zwei Stunden, welche Wahrheit, abgesehen von den wenigen Erinnerungsbrocken, die ihr noch am Herzen liegen oder auch ihren Stolz und ihre Eitelkeit verletzten? So spricht sie beispielsweise immer noch von Hilde, meiner angeheirateten Tante. An den Teich in Köstendorf will sie sich nicht erinnern, lieber spricht sie von ihrer alten Wut auf die Frau, die meinem Vater seinerzeit die hübsche, junge Ursula vorgestellt hat.

»Bloß weil Hilde an diesem Tag unbedingt die *Löwen in der Savanne* kaufen mußte, hat sie Stefan kennengelernt«, poltert sie, »und dann hat sie ihm prompt das liebe Schwesterherz auf dem Silbertablett serviert.« Ich begreife sie schon wieder nicht. Wenn ihr so an ihrem Mann lag, warum hat sie ihn dann 1941 verlassen?

Aber ich lasse sie reden und nutze die Zeit, mich innerlich auf den Abschied vorzubereiten. Sie schimpft noch einige Minuten auf Hilde – die Hilde, die mich und meinen Bruder 1944, im Rahmen einer der zahllosen Propagandakampagnen Joseph Goebbels', in Hitlers Bunker untergebracht hat. Zusammen mit vielen anderen Berliner Kindern sollten wir das Märchen vom mitfühlenden, solidarischen Führer untermauern, der turnusmäßig Hunderte von Kindern im großen Bunker unter der Reichskanzlei beherbergte, um ihnen ärztliche Behandlung, Nahrung und Trost zukommen zu lassen.

Ich kam also in den zweifelhaften Genuß dieses Bunkeraufenthalts – an dem mir im übrigen nicht das geringste lag. Ich wollte nicht einen Luftschutzkeller gegen einen anderen tauschen, wenngleich dieser viel größer, ja riesig war, eine Art unterirdische Festung, in der sechs- oder siebenhundert Personen Platz hatten.

Das war Anfang Dezember 1944, als die SS mit größter Brutalität gegen alle Antifaschisten und Nazigegner vorging, die man aus den besetzten Ländern deportiert hatte – sie wurden in der berüchtigten »Nacht-und-Nebel-Aktion« ausnahmslos ermordet. Auch Hitlers Schergen im Ausland hatten

Order, keinen zu verschonen – vor dem Rückzug mußten sämtliche Kriegsgefangenen sowie die Antifaschisten aller Gefängnisse und Konzentrationslager umgebracht werden. Viele starben, weil sie gewagt hatten, am Endsieg zu zweifeln.

Mein Bruder und ich kamen also in den Bunker. Eines Morgens erschien ein mit Tarnfarbe angemalter und mit Kohle betriebener Bus, ein sogenannter »Kokskocher«, lud uns ein und fuhr sofort weiter. Das Berlin, das wir durchquerten, war ein einziges Großfeuer. Mit meinen sechs Jahren saß ich am Fenster und starrte wie betäubt in das Weltuntergangsszenario hinaus.

Nichts als Trümmer, wohin ich auch sah, teils erloschen, teils noch brennend mit hoch auflodernden Flammen; auf den Gehwegen unförmige Leichenberge, ringsum nichts als Zerstörung.

In Hitlers Bunker erhielten wir Nahrung und ärztliche Behandlung, von Trost jedoch keine Spur. Bei unserer Ankunft wurden wir als erstes untersucht – vermutlich um jede Ansteckungsgefahr für den Führer auszuschließen, der uns einen Besuch abstatten sollte. Man testete uns auf Tuberkulose, päppelte uns mit Vitaminen und dem verhaßten Lebertran ein bißchen auf und bestrahlte uns sogar mit Quarzlampen, damit wir gesund und vital aussahen – bleiche, abgemagerte Kinder konnte der Führer nicht ausstehen.

Ja, wir sahen ihn, den Führer des Dritten Reichs. Er kam mit seinen Leibwächtern daher und gab den Kleinen aus der ersten Reihe die Hand, darunter meinem Bruder und mir – ein elendes Häufchen kriegsgeschädigter Kinder, die vor Aufregung bebten. Ungläubig starrte ich ihn an, den großen Führer. Kinder haben bekanntlich einen scharfen Blick, und was ich sah, war ein schrumpliger, alter Mann, der schrecklich krank wirkte. Er wackelte leicht mit dem Kopf, zog ein Bein nach und hatte einen Arm, der aus Gips zu sein schien. Nur sein Blick war immer noch stechend und penetrant – hypnotisch wie der einer Schlange.

Ich spürte kein Wohlwollen in seiner Frage: »Wie gefällt es dir im Bunker?« Und ich spürte auch kein Mitleid und keine Solidarität. Nein, Adolf Hitler liebte die Kinder nicht, wie auch meine Mutter sie nicht liebte. Kurz vor der Niederlage schickte er Hunderttausende von ihnen in den sicheren Tod. Ich erinnere mich an zwei dieser jungen Opfer, sie lagen am Rand eines Trümmerhaufens, mit weit aufgerissenen Augen und verstümmelten Körpern. Ihre graublauen Uniformen waren zerfetzt und von Blut durchtränkt; an ihren Gürteln hingen noch die Feldflaschen, ein paar Handgranaten, Gewehrmunition und Gasmasken. Das war später gewesen, am Tag nach der Kapitulation.

Und meine Mutter? Ob sie wenigstens ihre eigenen Kinder je geliebt hat, und sei es nur für einen Augenblick?

1941. Berlin, Niederschönhausen. Es war an einem kalten Herbsttag, gegen sechs Uhr abends. Meine Mutter machte ein strenges Gesicht und sagte: »Du mußt jetzt sehr stark sein. Mutti muß weg. Tante Margarete kommt euch gleich abholen. Sie nimmt euch in ihre Villa mit – dort gefällt es dir doch, oder? Dort kannst du jeden Tag mit deiner Kusine Eva spielen. Versprichst du Mutti, daß du lieb bist?«

»Ich will nicht zu Eva«, wimmerte ich. »Sie sagt immer dumme Kuh zu mir und läßt mich ihre Puppen nicht anfassen.«

Meine Mutter verlor sofort die Geduld. »Du gehst aber zu Eva!« fuhr sie mich an. »Und dein Bruder auch. Und ihr seid brav und fallt Tante Margarete nicht auf die Nerven. Keine Mätzchen, verstanden?«

Ihre Stimme klang schroff. »Und nicht weinen!« schimpfte sie, weil sie wohl sah, daß ich bereits den Mund verzog. »Ach, es ist doch immer dasselbe mit dir. Ich möchte einmal erleben, daß du nicht heulst!«

Sie war angespannt. Und sie hatte es eilig.

Ich schluckte meine Tränen hinunter aus Angst, sie noch wütender zu machen, aber ich spürte natürlich, daß mir da etwas bevorstand, was folgenschwer und unabänderlich war. Ich schielte zum Fenster hinüber, das wegen der Verdunkelungspflicht zugehängt war.

Ich haßte die scheußlichen Rollos aus schwarzer Pappe, die ein alter Handwerker mit Glasauge (ein Mitbringsel aus dem ersten Weltkrieg, wie er uns erklärte) eines Tages »auf Erlaß der Regierung« an sämtlichen Fenstern angebracht hatte. Als mein Vater, der bei der Flak gewesen war, aus dem Krieg heimkehrte, meinte er, diese ganze Verdunkelungsgeschichte sei reiner Unfug gewesen, die Piloten der alliierten Bombergeschwader seien vom Boden aus per Funk geleitet worden und hätten ihre Ziele auch mit verbundenen Augen treffen können. Aber während des Krieges hätte das natürlich keiner laut zu sagen gewagt – derlei Äußerungen wurden als »Zweifel am Endsieg« gewertet und hart bestraft.

Meine Mutter drückte mir rasch einen Kuß auf die Wange, und als sie dann auf den kleinen Koffer zuging, der fertig gepackt neben der Wohnungstür stand, überkam mich Panik.

»Geh nicht fort«, flehte ich sie an.

Sie kam zurück und sah mich entnervt an. »Hältst du so dein Wort? Du hast mir versprochen, lieb zu sein, und jetzt flennst du bloß herum. Aber es hilft nichts, Helga: Ich muß gehen, mach es mir nicht so schwer.«

Ich senkte den Kopf und biß in dem heldenhaften Versuch, »lieb« zu sein, die Zähne zusammen, um nicht laut loszuheulen.

Sie trug etwas Helles, einen Regenmantel, glaube ich, das lange, gewellte Haar fiel ihr offen auf die Schulter. Als sie sich zu mir hinunterbeugte, um mir einen letzten Kuß zu geben, klammerte ich mich mit beiden Händen daran fest und flehte erneut: »Geh nicht weg, Mutti, bitte, laß mich nicht allein.«

Sie aber richtete sich ruckartig auf und zischte: »Was tust du da? Mutti an den Haaren ziehen? Unartig und widerspenstig wie immer! Du hättest eine Strafe verdient.«

Aber diesmal bestrafte sie mich nicht. Sie nahm ihren Koffer, drehte sich mit erhobenem Zeigefinger nach mir um und sagte: »Und fang nicht zu schreien an, wenn ich zur Tür rausgehe, sonst weckst du deinen Bruder auf, verstanden? Versprichst du mir, daß du nicht schreist?«

Was sollte ich ihr in den wenigen Minuten nicht alles versprechen. Ich zuckte wie betäubt mit den Schultern.

»So ist es recht.« Sie öffnete die Tür. »Also, auf Wiedersehen, meine Kleine.«

Ich erwiderte nichts, während meine Mutter die Tür hinter sich zuzog. Ich sollte sie erst dreißig Jahre später wiedersehen.

Ein paar Sekunden stand ich da wie gelähmt. Nur mein Herz klopfte ganz laut. Dann rannte ich in das Zimmer, in dem Peter schlief.

Er schlief ruhig, das Engelsgesichtchen umrahmt von blonden Locken, um die ich ihn immer beneidet habe.

Ich stellte mich vor sein Bett und sah ihn an, und dabei befiel mich eine so grenzenlose Traurigkeit, daß ich bald in Tränen ausbrach. Mein heftiges Schluchzen muß ihn geweckt haben: Er riß die Augen auf, und als er merkte, daß ich weinte, stand er auf, klammerte sich ans Gitter seines Bettchens und begann zu schreien. Ich umarmte ihn, er zitterte. Eine gute Weile umklammerten wir uns krampfhaft, dann kam ich langsam wieder zu mir, machte mich von ihm los und hob ihn aus dem Bett. Seine Windel mußte gewechselt werden. Ich versuchte, ihn ins Bad zu bringen, aber er wehrte sich mit Händen und Füßen: Er wollte meine Mutter, nie hatte jemand anders als sie ihm die Windeln gewechselt.

Unter Aufbietung aller Kräfte gelang es mir schließlich doch, aber danach war ich völlig verkratzt. Erschöpft sah ich ihn an, sagte: »Böser Junge« und ging in die Küche. Dort sah ich mich hilflos um. Schließlich nahm ich einen Stuhl, rückte ihn ans Fenster, zog das Papprollo hoch und steckte den Kopf hinaus.

Draußen war es stockfinster, feucht und eisig. Die wenigen Fahrzeuge, die durch die Nordendstraße kamen, hatten abgeschirmte Scheinwerfer. Sämtliche Fenster der Häuser gegenüber waren schwarz und blind.

Mein Bruder tobte unterdessen im Bad. Er war ganz außer sich und schrie unentwegt nach unserer Mutter, bald in forderndem, bald in flehentlichem Ton.

Am Ende kam er mit verquollenen Augen zu mir in die Küche. Ein paar Sekunden lang starrte er mich unentschlossen an, dann warf er sich zu Boden, schlug wieder und wieder mit dem Köpfchen gegen die Kredenz und schrie immer zorniger: »Mutti!« Ich verfolgte seinen Tobsuchtsanfall mit einem Gefühl frustrierter Machtlosigkeit.

»Hör auf!« sagte ich ein- oder zweimal, aber das machte ihn nur noch wütender, also ließ ich es. Er wird schon von selbst aufhören, dachte ich, und dann schläft er auch wieder ein.

Kurz darauf klingelte es an der Tür. »Was ist los?« hörte ich jemanden rufen. »Warum ist bei euch das Rollo hochgezogen? Noch nie was von Verdunkelung gehört?«

Ich erkannte die Stimme unserer Wohnungsnachbarin und öffnete die Tür.

Die Frau sah mich verdutzt an. »Was ist passiert, Helga?«

»Mutti ist weggegangen«, sagte ich und begann wieder zu weinen.

»Was soll das heißen, sie ist weggegangen?«

Ich zuckte mit den Schultern.

Die Nachbarin schüttelte ungläubig den Kopf, kam herein und ließ sofort das Rollo herunter. »Wie konntest du das Ding bloß hochziehen? Weißt du nicht, daß man euch dafür anzeigen müßte?« schimpfte sie. Dann beugte sie sich zu mir hinunter: »Wo ist deine Mutter, Helga? Erzähl mir keine Lügen.«

»Sie ist weggegangen«, wiederholte ich bekümmert.

Die Frau starrte mich noch immer an, aber sie hatte jetzt einen anderen, irgendwie seltsamen Gesichtsausdruck. »Was hat sie zu dir gesagt, als sie gegangen ist?« fragte sie langsam. Sie war nicht alt und trug das Haar zu einem kranzförmigen Zopf geflochten.

»Sie hat gesagt, ich soll brav sein. Dann hat sie ihren Koffer genommen und ist gegangen. Tante Margarete kommt uns abholen, hat sie gesagt.«

»Ah, Tante Margarete ...«, echote die Frau immer noch mit diesem merkwürdigen Gesichtsausdruck. Sie deutete ein Lächeln an, wie um mich zu beruhigen, dann nahm sie meinen Bruder auf den Arm, der sich inzwischen beruhigt hatte.

Wenig später traf Tante Margarete ein. Die Nachbarin eilte ihr besorgt entgegen. »Helga behauptet, ihre Mama sei weggegangen ...«

»Das stimmt leider«, erwiderte Tante Margarete, ohne weitere Erklärungen abzugeben. Dann packte sie eilig unsere Sachen zusammen und nahm uns mit in ihre Villa in Tempelhof. Sie war, wie gesagt, sehr reich, unsere Tante. Ihr Mann, ein Graf, war im Krieg, aber in der Villa, in der die vornehme Berliner Gesellschaft verkehrte, fehlte es an nichts. Draußen verhungerten die Leute, aber hier wurde getafelt wie im Schlaraffenland. Unsere Kusine Eva behandelte mich und meinen Bruder wie arme Schlucker, und wehe, wenn wir ihre Spielsachen anrührten.

Nach einiger Zeit reiste meine Großmutter aus Polen an. Sie war von Tante Margarete über die Lage unterrichtet worden und hatte sofort beschlossen, uns mitzunehmen. »Ich will nicht, daß meine Enkel bei dir aufwachsen«, sagte sie ihrer Tochter unverblümt ins Gesicht. »Du würdest sie mir nur verderben und zu eingebildeten Vornehmtuern machen.« Es gab lange und erbitterte Diskussionen, aber schließlich setzte meine Großmutter ihren Kopf durch und zog zu uns in die Wohnung in Niederschönhausen.

Dort blieben wir, bis mein Vater, knapp ein Jahr später, die junge Berlinerin Ursula heiratete – und für mich die Hölle begann.

Wir haben lange geschwiegen. Beim Gedanken an den bevorstehenden Abschied befällt mich erneut

Nervosität – eine Nervosität, die ich unerklärlich, ja, absurd finde: Bin ich nicht ein ganzes Leben ohne meine Mutter ausgekommen?

Ich wende den Blick vom Fenster ab und begegne ihren Augen.

»Woran denkst du?« fragt sie, diesmal im Ton einer besorgten, hilfsbereiten Mutter.

Die letzten zwei Stunden haben mich mißtrauisch gemacht. Ich habe gelernt, mich nicht vom Strudel ihrer Rollenwechsel mitreißen zu lassen.

»Woran denkst du, Mausi?« Das alte Kosewort rührt an eine sehr empfindliche Saite in meiner Seele, aber sie geht noch weiter. Mit dem knochigen Zeigefinger deutet sie auf ihre Wange und sagt mit beinahe zärtlicher Stimme: »Komm, gib deiner alten Mutti einen Kuß.«

Mein Magen krampft sich zusammen.

Ich stehe auf und küsse sie.

Sie scheint wirklich gerührt und wischt sich eine Träne ab. »Hat deine zweite Mutter dich geküßt?« will sie plötzlich wissen.

»Nein«, entgegne ich trocken.

»Nie?«

Ich schüttle den Kopf. »Nein, nie.«

Sie wird ganz aufgeregt, beginnt fast zu schluchzen. »Ihr hättet bei Stefans Mutter bleiben sollen. Nicht daß sie mir sympathisch gewesen wäre, als Schwiegermutter war sie bitterböse. Aber vielleicht wäre es euch bei ihr bessergegangen als bei dieser ... dieser ...« Sie verzieht den Mund. »Es war alles Hildes Schuld«, brummt sie grimmig, steht auf und tritt ans Fenster.

Es hat aufgehört zu regnen, aber der Himmel ist immer noch düster und verhangen.

»Hilde, Hilde!« schnaubt sie und schlägt mit der Faust gegen die Scheibe, wenn auch kraftlos. »Wäre ihr doch eine Bombe auf den Kopf gefallen!« stöhnt sie. »Dann hätte sie nicht in die Galerie gehen und *Löwen in der Savanne* kaufen können!«

Sie kehrt zu ihrem Sessel zurück. Als sie mich wieder ansieht, lese ich eine boshafte Neugier in ihren Augen. »Was ist aus ihr geworden?« fragt sie. Diese Frau scheint sie tatsächlich zu verfolgen.

»Aus wem?« frage ich, um Zeit zu gewinnen.

»Aus Hilde. Hat sie je geheiratet?« Sie ist ganz Ohr, giert richtig nach meiner Antwort.

»Nein«, sage ich. »Als wir nach Österreich zurückgekehrt sind, ist Hilde mitgekommen, um in der Nähe ihrer Schwester zu sein.«

»Hat sie gearbeitet?«

»Sie hat eine kleine Firma gegründet.«

Meine Mutter bricht in ein schnarrendes, trockenes Gelächter aus. »Es ist wirklich wahr, Unkraut vergeht nicht!«

Ich erzähle ihr nicht, daß Hilde bereits viele Jahre tot ist. Ich habe keine Lust dazu.

Sie denkt nach. »Sicher, tüchtig war sie ja. Sonst hätte sie nicht für Goebbels gearbeitet. Faulenzer hatten bei dem ein kurzes Leben, das kannst du mir glauben. Er selbst war ja tüchtig wie sonstwas. Dieser Mann war ein Genie.«

Ihre Gedanken scheinen abzuschweifen; ihr Blick fällt auf das leere Glas. »Ich möchte noch einen Apfelsaft«, erklärt sie. »Ruf Fräulein Inge.«

Aber ich weigere mich, die letzten Minuten unserer Begegnung nutzlos zu verschwenden. »Ich habe Goebbels übrigens einmal gesehen«, sage ich, um sie zu ködern.

Sie beißt sofort an. »Wirklich? Wann?«

Ich überlege. »Das war ... Moment mal, also Papa war schon mit Ursula verheiratet ...«

Sie fällt mir brüsk ins Wort: »Die Details kannst du dir sparen!«

Schon wieder diese absurde Eifersucht. Nach siebenundfünfzig Jahren!

Ein paar Sekunden schweigt sie beleidigt, aber dann gewinnt die Neugier doch wieder die Oberhand. »Hast du ihn wirklich gesehen? Wo?«

»Im Propagandaministerium, am Wilhelmsplatz. Ich kann mich noch gut erinnern, an allen umliegenden Häusern flatterten Fahnen ...«

»Und dann?«

»Hilde hat uns in sein Büro gebracht. Es war ein riesiges Büro mit viel Licht. Er machte einen sehr großen und strengen Eindruck auf mich.«

»Goebbels war nicht groß«, wendet sie ein.

»Ja, aber ich war ein Kind und mußte zu ihm aufsehen. Er war ernst, hat mich nur kurz mit dem Blick gestreift und sich dann Peter zugewandt. Als er die Hand nach ihm ausstreckte, um ihn zu streicheln, hat Peter das Gesicht weggedreht. Das war das einzige Mal, daß Goebbels die Lippen zu einer Art Lächeln verzogen hat. Mich hat er bloß deshalb noch mal angeschaut, weil Hilde ihm sagte, ich hieße Helga wie seine älteste Tochter.«

Meine Mutter fährt sich rasch mit der Zunge über die Lippen, was ich an vielen alten Leuten beobachtet habe. An ihr ekelt es mich.

»Und dann? Was ist dann passiert?« fragt sie so gespannt, als warte sie auf das Ende eines Märchens.

»Meine ...« Ich stocke. Besser, ich erwähne Hilde nicht noch einmal. »Dann haben sie uns ein paar Lebensmittelkarten geschenkt.«

»Und Goebbels hat sonst nichts zu euch gesagt?«

»Ich glaube, nicht. Die Großen haben miteinander gesprochen. Ich weiß nur noch, daß er irgendwann ans Telefon gerufen wurde. Wir sind gegangen, ohne uns von ihm zu verabschieden.« Das ist nicht wahr. Die Geschichte mit dem Telefonanruf ist reine Erfindung.

»Und die Lebensmittelkarten?«

»Die hat Hilde von einer Angestellten bekommen, einer ernsten, kleinen Frau, die Hilde ehrfürchtig ›Fräulein‹ nannte.«

»Und dann?«

»Das war's. Wir sind wieder nach Hause gegangen. Hilde blieb noch im Büro, weil ihre Arbeitszeit noch nicht zu Ende war. Noch nicht daheim, mußten wir sofort in den Luftschutzkeller – wir waren gerade an der Ecke zur Friedrichsruher Straße angekommen, als die Sirenen losheulten.«

Ihr Blick erlischt, und die Distanz zwischen uns ist wieder riesengroß. Es genügt so wenig, um sie in »ihre Zeit« zurückzubefördern.

»Goebbels war ein Genie«, murmelt sie wie zu sich selbst, »aber als Mann gefiel er mir nicht. Hilde dagegen hat ihn angehimmelt, ich bin heute noch davon überzeugt, daß sie heimlich in ihn verliebt war.« Offensichtlich noch so eine fixe Idee von ihr. Sie sieht durch mich hindurch, als wäre ich aus Glas, ihre Augen sind starr in die Vergangenheit gerichtet.

Unmittelbar nach dem Krieg – mein Bruder und ich lebten noch in Berlin – wurde uns streng verboten, Hitler oder Goebbels auch nur zu erwähnen. »Ihr müßt nach vorn schauen«, hieß es. »Laßt die Vergangenheit Vergangenheit sein, jetzt beginnt die Zukunft.«

Doch welche Zukunft? Das Berlin des Jahres '45 steht mir noch deutlich vor Augen. Wir Kinder spielten in den Trümmern, die Erwachsenen liefen herum wie betäubt und versuchten mühsam, fast wie von einem animalischen Instinkt geleitet, wenigstens das Allernotwendigste aufzutreiben: einen Laib Brot, eine Ration Milch, eine Fensterscheibe ... Nein, die Berliner hatten in jenen Tagen weder Augen für die Zukunft noch Platz für Erinnerungen.

So hörte ich meine Tante Hilde erstmals 1949 wieder über Goebbels reden. Ob sie in ihn verliebt gewesen war? Ich kann es nicht sagen. Was sie über ihn erzählte, verriet allerdings Bedauern und eine tiefe Ergriffenheit.

Es war an Weihnachten. Mein Vater, Ursula, Peter und ich waren im Jahr zuvor nach Österreich zurückgeschickt worden, denn Papa war gebürtiger Wiener. Dort hatten wir uns provisorisch in Attersee im Salzkammergut eingerichtet, und zwar im Haus meiner Großeltern, die ebenfalls erst vor kurzem aus Polen zurückgekehrt waren. Über

Weihnachten kam uns Tante Hilde aus Berlin besuchen. Sie hatte soeben meinen geliebten »Opa« zu Grabe getragen.

Es passierte an Heiligabend. Nach dem Abendessen, zu dem auch die eine oder andere Flasche Wein geköpft worden war, herrschte eine angeregte Stimmung. Nur Tante Hilde schien immer ernster und melancholischer zu werden, bis sie irgendwann in befreiende Tränen ausbrach. Ich konnte es kaum fassen – in Berlin war sie immer so streng, beherrscht und distanziert gewesen.

Aber nachdem das Eis einmal gebrochen war, begann sie von den alten Zeiten zu erzählen, als der Untergang der Nazis noch in weiter Ferne lag und sie im Propagandaministerium, Seite an Seite mit Joseph Goebbels, gearbeitet hatte.

Ich lauschte fasziniert – auch weil ich Berlin trotz allem noch im Herzen trug. Was mich an ihrer Erzählung jedoch am meisten beeindruckte, war die Schilderung ihrer letzten Begegnung mit dem Naziminister.

Berlin, 21. April 1945. Goebbels hatte einen kleinen Kreis von Getreuen – die Personen, die ihm am nächsten standen – in den privaten Filmvorführungsraum seiner Villa am Tiergarten bestellt; hier hatte er sonst erlesenen Gästen, darunter nicht selten dem Führer in Person, die antisemtischen Propagandafilme gezeigt, die ihm von der linientreuen deutschen Filmindustrie brav geliefert worden waren. An jenem Morgen war der Raum jedoch kahl und eiskalt, die Fenster waren zugemauert worden, schwache Lämpchen verbreiteten ein schummriges Dämmerlicht, und von draußen drang das Tosen der Schlacht herein.

Goebbels traf mit Verspätung ein und war kaum wiederzuerkennen; mit seinen Bartstoppeln und dem völlig verstörten Gesicht sah er aus wie ein Gespenst. Im ersten Moment empfand Hilde nur Mitleid für ihn – Angst bekam sie erst später.

Anstatt wie üblich Anweisungen für den kommenden Arbeitstag zu erteilen, begann Goebbels lautstark gegen das deutsche Volk zu wettern, das sich seines Führers nicht als würdig erwiesen habe. Am darauffolgenden Tag, dem 22. April, drohte er in seiner Eigenschaft als Generalbevollmächtigter für den totalen Kriegseinsatz jedem, der es wagte, die weiße Fahne zu hissen, mit der standrechtlichen Erschießung.

Hilde sollte ihn nie wiedersehen. Wenige Tage später erfuhr sie von seinem Selbstmord, eine Nachricht, die sie noch mehr erschütterte als der Tod des Führers selbst. Bekanntlich hat Goebbels auch seine Frau und die Kinder mit in den Tod genommen.

Was Hilde wirklich in ihrem Chef sah – ich wußte es nicht zu sagen. An jenem Heiligabend hat sie freilich nicht die leiseste Kritik an ihm anklingen lassen, ganz im Gegenteil. Sie erzählte sogar von kleinen Geschenken, die er seinen Angestellten bisweilen zu einem Fest- oder Geburtstag machte. Alle tieferliegenden Gefühle hat sie jedoch mit ins Grab genommen.

Meine Mutter denkt angestrengt über etwas nach. »Peter hat den Kopf weggedreht«, wiederholt sie geistesabwesend. »Wer war Peter?«

»Dein Sohn«, erkläre ich noch einmal. Es ist kaum eine Stunde vergangen, seit wir zuletzt von ihm gesprochen haben, aber sie hat es bereits verdrängt. Sie wirkt jetzt wieder völlig abwesend, ihr Blick ist verschleiert.

»Welcher?« Sie durchwühlt ihr Gedächtnis, runzelt die Stirn.

»Du hattest nur einen.«

»Stimmt ...«, gibt sie mit schwacher Stimme zu, aber man merkt ihr an, daß sie nicht überzeugt ist, daß sie im dunkeln tappt.

»Denkst du nie an ihn?« wage ich zu fragen. »Denkst du nie an Peter?«

Sie läßt den Kopf hängen. »Ich weiß nicht ... Er ist schon so lange tot«, murmelt sie, aber ihre Stimme klingt auch jetzt unsicher, beinahe fragend.

Eingedenk dessen, was vorher passiert ist, habe ich zwar Hemmungen, aber andererseits möchte ich doch, daß sie die Realität akzeptiert. Ich ignoriere den Ellbogenstoß, mit dem Eva mich bremsen möchte. »Dein Sohn lebt«, sage ich in sanftem, beschwörendem Ton, als spräche ich zu einem kleinen Kind.

Ihr Blick wird leer. »Das ist nicht wahr«, erwidert sie düster. Und dann wiederholt sich die Szene von vorhin. Meine Mutter vergräbt das Gesicht in den Händen und beginnt zu wimmern: »Mein Sohn ist vor vielen Jahren gestorben. Warum lügst du mich an ... Ich darf mich nicht aufregen.«

Wie alt, wie zerbrechlich sie ist. Zu meinem Bedauern bin ich wieder gerührt. Das hätte so kurz vor dem Abschied nun wirklich nicht sein müssen! Mir graut vor dem Gedanken, mich auch diesmal nicht ganz von ihr losreißen zu können. Alle vergangenen Versuche sind ja fehlgeschlagen, dabei habe ich es wirklich tausendmal und auf jede nur erdenkliche Art und Weise versucht – sogar durch Verleugnung meiner Muttersprache.

Das geschah so: Einige Zeit nach meinem Besuch in Wien, 1971, traf ich in Bologna eine Landsmännin; sie wollte natürlich deutsch mit mir reden, aber mir wurde bereits nach wenigen Sätzen klar, daß ich nicht mehr in der Lage war, meine Sprache flüssig und korrekt zu sprechen. Die Einsicht war niederschmetternd. Ähnlich muß es den Menschen ergehen, die im Krieg einen Arm oder ein Bein verlieren, ohne Schmerzen dabei zu empfinden – es soll ja Soldaten gegeben haben, die mit einem abgerissenen Bein weiterlaufen wollten, stürzten und erst am Boden merkten, weshalb sie eigentlich gefallen waren.

Ich jedenfalls mußte zuerst meine Kusine Eva aufstöbern – nach fünfzig Jahren, wohlgemerkt –, um langsam zu meiner Muttersprache zurückzufinden, und selbst dann war das kein einfaches Unterfangen, sondern so, als müßte ich Stufe um Stufe eine steile und geborstene Treppe erklimmen.

Ich sehe meine Mutter an: so unerreichbar, so fremd, so unbegreiflich, so irritierend. Und manchmal auch so entwaffnend.

Sie hebt den Kopf und fleht mich an: »Laß mich nie wieder allein, nie wieder. Du mußt wiederkommen. Du mußt mich jeden Tag besuchen. Ich bin doch deine Mutti und habe sonst niemanden, der mich mag. Niemanden, der mir einen Kuß gibt. Du hast mir einen gegeben, und ich will, daß du wiederkommst. Du bist doch meine Mausi«, sagt sie, und ich lese in ihren Augen ein Leuchten, das ich bei jedem anderen Menschen ohne zu zögern liebevoll genannt hätte.

»Meine kleine Mausi«, wiederholt sie und lächelt sanft. Aber das Ganze dauert nur einen Augenblick, schon ist sie wieder heimtückisch und boshaft.

»Schade, daß du so alt bist«, meint sie. »Ich finde es nicht schön, eine alte Tochter zu haben. Da komme ich mir so gebrechlich vor. Ein Glück, daß Peter tot ist, ich könnte es nicht ertragen, zwei alte Kinder zu haben.« Sie seufzt. »Aber du mußt trotzdem wiederkommen, auch wenn du alt bist. Die anderen Heimbewohnerinnen haben jüngere Töchter, schade.«

Mir ist kalt ums Herz geworden, ich fühle mich gekränkt und gedemütigt. Diese blöde Geschichte mit dem Alter ... Jetzt reicht es mir. Sie hat Eva und mich genug damit geärgert. Nein, diese Frau hat unseren Besuch nicht verdient, sie hat überhaupt nichts verdient, sie ist grausam, unsensibel, verlogen ... Warum habe ich bloß auf Frau Freihorst gehört?

Warum bin ich Hals über Kopf nach Wien geeilt? Vielleicht ... vielleicht, weil es mir trotz allem nicht gelingt, sie zu hassen, diese Mutter, die nie eine Mutter gewesen ist.

Laß dich hassen, Mutter!

Laß dich hassen. Das wäre die Lösung. Sag irgend etwas Ungeheuerliches über die Jüdinnen, die in Birkenau unter deiner Aufsicht standen, die dir auf Leben und Tod ausgeliefert waren. Der Dämon, von dem ich besessen bin, gibt mir das Richtige ein. Ich schiele auffällig auf meine Armbanduhr.

»Du willst doch nicht schon gehen?« fragt sie erschrocken.

»Die Besuchszeit ist bald zu Ende.«

»Ich möchte aber, daß du bleibst!«

Gut so, perfekt. »Ich hätte gern noch so viel von dir erfahren«, sage ich mit gespieltem Bedauern, »aber du bist nicht sehr gesprächig und weichst mir ständig aus. Es macht keinen Spaß, die eigene Mutter zu besuchen und sich nicht mir ihr unterhalten zu können.«

Sie wird unruhig, steht auf, gestikuliert. »Aber ich will doch reden!«

»Tja, jetzt ist es zu spät ...«

»Wenn ich dir noch andere Sachen erzähle, bleibst du dann?« Ihr Blick ist flehend.

»Vielleicht«, entgegne ich vage.

»Was willst du hören?«

Sie muß selbst drauf kommen.

»Noch mehr über Birkenau?« fragt sie, aber im Grunde ist es das Thema, das auch sie am meisten interessiert. Ihre Karriere, ihr Credo, ihre eisernen Prinzipien.

»Wenn du möchtest«, erwidere ich in unschuldigem Ton. »Zum Beispiel ... ja, mich würde interessieren, was für ein Verhältnis du zu den Frauen in deinem Block hattest.«

Sie besinnt sich kurz, ihr lauernder Blick wird eiskalt. »Ein Haßverhältnis, was sonst? Für unsere Regierung waren das minderwertige Subjekte, minderwertig und gefährlich, deshalb waren sie im Lager.«

Weiter so, denke ich, das reicht noch nicht. »War das auch deine persönliche Überzeugung, ich meine, daß die Juden eine minderwertige Rasse sind? Oder hast du das bloß gedacht, weil das Regime es wollte?«

Sie zögert, sieht mir in die Augen. »Willst du die Wahrheit wissen?«

»Ja.«

Sie verharrt reglos und schweigt ein paar Sekunden, dann beugt sie sich zu mir vor und lächelt mich an. »Mausi ...«, murmelt sie beinahe unterwürfig.

Ihre Nähe ist mir unangenehm, ja, sie vermittelt mir ein Gefühl des Ekels, ich gebe es zu. Ich rieche ihren Atem, es ist der leicht säuerliche Atem einer alten Frau.

Ein Glück, daß sie sich gleich wieder zurücklehnt. Sie legt die Hände auf die spitzen Knie und sagt in einem Atemzug: »Gut, wenn du die Wahrheit wissen willst: Ich habe diese Jüdinnen gehaßt. Ich hatte eine fast physische Abneigung gegen sie, schon beim Anblick ihrer entarteten Fratzen drehte sich mir der Magen um. Diese fiese Rasse ... Und wie sie zusammenhielten, wie sie sich gegenseitig deckten, das hättest du mal sehen sollen! Wenn eine krank war, haben die andern sie versteckt, damit sie nicht zu Klahr kam. Ja, meine kleine Mausi, ich habe sie wirklich gehaßt, diese Juden, ein dreckiges Pack, glaub mir. Pfui!«

Jetzt habe ich, was ich wollte. Ich bin wie versteinert, vielleicht liest man mir das am Gesicht ab, denn sie blickt mich unsicher an.

»Ich war bloß ehrlich«, sagt sie. »Du darfst nicht schlecht über mich denken. Für ein Mitglied der SS war es oberste Pflicht, die Juden zu hassen, begreifst du?« Sie versucht das Unerklärliche zu erklären.

»Warum? Kann man denn auf Kommando hassen?« frage ich voll schmerzlicher Ironie.

»Wenn man von der Motivation überzeugt ist, ja.«

»Von welcher Motivation?«

»Das jüdische Volk mußte ausgemerzt werden, Mausi! Das war die Motivation.«

Ich verzichte darauf, noch einmal nachzuhaken. Statt dessen frage ich: »Warum hatten die Lagerinsassinnen Angst vor diesem, wie hieß er ... Klahr?«

Sie nickt und hat jetzt wieder einen ganz harten Gesichtsausdruck. »Ja, Klahr. Oh, vor dem hat alles gezittert, das kannst du mir glauben!«

»Wer war das?«

»Eine Art von Krankenpfleger.«

»Und warum haben sie vor ihm gezittert?«

»Weil er die berühmten Spritzen gegeben hat.«

»Welche Spritzen?«

Sie macht eine rasche, entschlossene Handbewegung, wie jemand, der einem anderen einen Dolch in die Brust stößt.

»Was meinst du damit?«

Sie zieht geräuschvoll die Luft ein und erwidert mit gleichgültiger Miene: »Wenn eine Lagerinsassin aufs Revier kam oder auf die Krankenstation oder ins Lagerkrankenhaus, und man stellte eine ernste Krankheit bei ihr fest, dann wurde nicht lange gefackelt.«

»Was passierte mit ihr?«

»Sie bekam kurzerhand eine Spritze verpaßt.«

»Was für eine Spritze? Sag es mir endlich!«

»Eine klitzekleine Spritze mit Karbolsäure, direkt ins Herz. Zack!« Sie wiederholt die entsetzliche Geste. »Weißt du, was Karbolsäure ist?«

Ja, ich weiß, was Karbolsäure ist. Nicht genau, aber ich weiß es. Bevor ich Zeit habe, mich zu erholen, kommt Fräulein Inge herein.

»Frau Schneider, es ist beinahe Zeit zum Mittagessen«, sagt sie lächelnd.

»Ich esse heute nicht!« schnauzt meine Mutter sie an.

Fräulein Inge nickt geduldig. »Gut, wir werden sehen.«

»Wieviel Zeit haben wir noch?« erkundige ich mich.

»Bis alle Heimbewohner am Tisch sitzen und die Suppe aufgetragen wird, vergeht noch mindestens eine halbe Stunde«, erwidert sie freundlich. »Ich hole ihre Mutter als letzte ab.«

»Ich komme aber nicht mit!« brüllt meine Mutter.

»Ich weiß«, meint Fräulein Inge und zwinkert mir zu. Ich bewundere ihre Geduld.

Wir haben also noch eine halbe Stunde. Ich betrachte meine Mutter. Bestimmt hat sie mich bald wieder vergessen, vielleicht schon heute abend. So dürfte es auch damals, 1971, gewesen sein. Ich muß allerdings zugeben, daß auch ich alles getan habe, um sie aus meinen Gedanken zu verdrängen.

Was für ein trauriges Paar wir doch sind, Mutter. Was für eine Absurdität uns verbindet. Jede von uns ist bemüht, die andere zu begraben.

»Bleibst du noch ein bißchen?« fragt sie mich mit einer Träne im rechten Augenwinkel. Manchmal klingt ihre Stimme so traurig und elend.

»Ja«, sage ich.

»Ich will nicht essen«, wiederholt sie. »Ich will, daß du noch bleibst. Bleibst du noch lange?«

»Noch ... ein bißchen«, entgegne ich ausweichend.

»Noch zwei Stunden«, sagt sie mit weinerlicher Stimme. »Nennst du mich noch einmal Mutti?«

Eva gibt mir ein Zeichen, ihr den Gefallen zu tun. Ich bin am Ende meiner Kräfte. Mir ist schlecht.

»Mutti«, sage ich.

Aber das Wort weckt nicht die leisesten Gefühle in mir.

Meine Mutter dagegen veranlaßt es zu einer dramatischen Szene der Rührung. Sie beginnt zu schluchzen, wirft mir tränenreiche Küsse mit den Fingerspitzen zu. Bis sie ruckartig aufsteht, zu mir kommt und mir einen Kuß auf die Stirn drückt. »Danke«, flüstert sie mit gebrochener Stimme, geht zu ihrem Sessel zurück, streicht sich das Kleid über den mageren Schenkeln glatt und beruhigt sich.

Nach und nach wendet sich ihr Blick wieder nach innen.

Ich bin wie benommen: Diese neuerliche, unerwartete Distanz zwischen uns macht mir angst. Ich versuche, meine Mutter zu mir zurückzuholen. »Erzähl mir doch ein bißchen von dir«, fordere ich sie zum hundertsten Male auf. »Wie verbringst du deine Tage?«

Aber der Versuch schlägt fehl. »Ich warte, daß es Abend wird«, fährt sie mich gereizt an.

»Aber Frau Freihorst kommt dich doch oft besuchen und leistet dir Gesellschaft, nicht?«

»Gisela?« fragt sie in herablassendem Ton. »Die kommt bloß, weil's ihr zu Hause ohne mich langweilig ist.«

Wie schon im Gespräch mit Fräulein Inge, so verleugnet sie auch mir gegenüber die Freundin, ihre einzige Freundin.

»Mir ist hier auch langweilig«, fügt sie hinzu. »Als ich jung war, war das Leben viel spannender.«

Sie preßt die Lippen zusammen, stöbert in ihren Erinnerungen. »Am Anfang war es schön mit Stefan. In Polen sind wir geritten, und er hat Sonnenuntergänge gemalt.«

Ihr Gesichtsausdruck wird bitter. »Aber dann wurde alles anders. Seine Mutter hat mich gehaßt. Und sein Vater auch. Mein Schwiegervater war sogar noch schlimmer als meine Schwiegermutter, er hat mich beschimpft. Für ihn war ich das ›Naziweib‹. Meine Schwiegermutter hat sich zunächst zurückgehalten, aber als du zur Welt kamst, wurde sie unausstehlich.«

Sie stockt einen Moment, spricht dann aber sofort weiter. »In Birkenau dagegen verging die Zeit wie im Flug. Ich hatte viel zu tun, sehr viel, aber ich hatte auch meine Freistunden, was denkst du denn, und die habe ich gründlich genutzt. Zum Beispiel, um die Goldschmiedeabteilung zu besichtigen, in der die Häftlinge arbeiteten. Das war sehr interessant. Ich hab mir dort einen Anhänger mit Gravur machen lassen.«

Goldschmiedeabteilung. Judengold. Auch das aus den Zähnen der Juden.

»Willst du nicht wissen, was ich in den Anhänger eingravieren ließ?« fragt meine Mutter.

Ich nicke schwach.

»Heidkempe«, erwidert sie trocken.

»Heid ... kempe? Was bedeutet das?«

»Rate mal!«

»Keine Ahnung.«

»Es beginnt mit He ... Geht dir ein Licht auf? Helga! Dann folgen die Anfangsbuchstaben von Ida, Krista, Emilie ... und zum Schluß Pe ...«

Sie bleibt stecken.

»Peter?« schlage ich vor.

Ihre Miene verdüstert sich. »Wer ist das?«

»Dein Sohn«, erwidere ich erschöpft.

»Mein ...« Sie fährt sich mit der Hand über die Stirn. »Ja.« Und dann wieder das übliche Lamento: »Aber er ist schon so lange tot.«

Sie brütet eine Zeitlang nachdenklich vor sich hin, dann nimmt sie den Faden wieder auf. »Einer der Lagerkommandanten hat sich ein Wikingerschiff aus purem Gold machen lassen«, erzählt sie,

»bestimmt vierzig Zentimeter hoch.« Sie lacht kurz. »Das war ein Geschenk, verstehst du? Ein Geschenk für seinen Sohn, zum fünften Geburtstag.«

Sie spricht flüssig, ohne zu stolpern, reiht mit großer Klarheit Erinnerung an Erinnerung. Dabei trennt ihr Gedächtnis verblüffend scharf: Das, woran sie sich erinnern will, ist mühelos abrufbar, alles andere einfach weg.

»Und eine von meinen Freundinnen gab einen goldenen Bilderrahmen in Auftrag, für ein Foto ihrer Eltern«, fährt sie fort, »aber sie ist vergiftet worden, vergiftet von zwei Häftlingen, zwei dreckigen jüdischen Nutten. Sie wollten sich für irgendwas rächen, diese Schurkinnen. Natürlich wurden sie entdeckt und kamen vor ein Exekutionskommando – nackt, versteht sich. Davor haben wir sie aber noch zwei Wochen in den Härtebunker gesteckt, einen kleinen Bunker für verschärften Arrest. Für sie hieß das Dunkelhaft und Ratten, so groß wie Katzen – die Viecher hätten sie fast bei lebendigem Leib gefressen. Als sie rauskamen, waren sie halb wahnsinnig vor Angst und konnten es kaum erwarten, einen Schuß ins Genick zu bekommen.«

Sie hat mit zusammengebissenen Zähnen gesprochen, mit einem Haß, der wie glühendes Magma noch immer in ihr brodelt.

Ich fühle mich entsetzlich gespalten: Ein Teil meiner selbst ist gelähmt vor Entsetzen, der andere fährt wie unter Hypnose fort zu fragen, möchte immer noch mehr wissen. »Du sagtest Heidkempe ... wem haben die Namen in der Mitte gehört? Ida, Krista und ...«

»Emilie«, sagt sie mit klarer Stimme.

»Wer waren diese Frauen?«

»Meine Schwestern.«

Also meine Tanten. Eigentlich hätte ich ein Recht gehabt, sie kennenzulernen, genau wie meine Großeltern mütterlicherseits. Wieviel hast du mir vorenthalten, Mutter.

»Aber die leben auch nicht mehr«, sagt sie ohne jede Wehmut. »Ich habe niemanden mehr. Nur noch die Bewohnerinnen dieser Kaserne. Ja, Kaserne. Hier sind alle unausstehlich, einschließlich Fräulein Inge. Ich bin sehr einsam, ich habe niemanden mehr, keine einzige Freundin.«

»Und was ist mit deiner Freundin Gisela?« versuche ich es noch einmal.

»Gisela?« Meine Mutter verleugnet sie zum drittenmal. »Die zählt nicht.«

Mich durchzuckt ein entsetzlicher Gedanke: Ob in mir, in meinen Genen, irgend etwas von dieser Frau ist? Mich schaudert.

Doch schon verlangt sie wieder meine Aufmerksamkeit. Die Erinnerungen drängen sie. »Paß auf, ich muß dir noch was erzählen. Weißt du, wen ich eines Tages im Lager treffe? Die Frau des Stoffhändlers aus Niederschönhausen! Erinnerst du dich noch an das Geschäft mit den großen Schaufenstern voller Stoffballen?«

Nein, daran erinnere ich mich beim besten Willen nicht mehr. Ich schüttle den Kopf.

»Der Inhaber hieß Guldenmann, seine Frau Emma. Sie wurden zu uns geschickt. Er kam in ein Außenlager, sie in die Wäscherei des Lagers. Ich hatte die Frau in meinem Block. Du wirst es nicht glauben, aber sie hat nachts kein Auge zugetan, die ganze Zeit plärrte sie wegen ihrer drei Kinder – die hat man gleich von der Rampe weg in den Bunker geschickt.«

»In welchen Bunker?«

»So haben wir die Gaskammer genannt«, erklärt sie, als wäre es die natürlichste Sache der Welt.

»Hat dir davor nicht gegraut?« Meine Stimme entringt sich nur mühsam der Kehle.

»Wovor?« Sie reißt die Augen auf, deren Blau fast weiß wird.

»Vor den Gaskammern ...«

»Nein«, erwidert sie ruhig und selbstsicher. »Als ich mich zur Härteausbildung gemeldet habe, wußte ich sehr gut, was ich tat. Ich wollte gewappnet sein für die Realität eines Lagers, eines ...« Sie schielt mich vorsichtig an. Ob sie das Wort »Vernichtungslager« aus Rücksicht auf mich nicht verwendet? Ich bilde es mir wenigstens ein. Andererseits würde es mich nicht wundern, wenn sie diesen Ausdruck vergessen hat. Sie, die Nazis, nannten diese Lager anders.

»Manchmal habe ich mich gefragt ...«, murmle ich.

»Was?« möchte sie wissen.

Laß es gut sein, sage ich mir, in Kürze verabschieden wir uns voneinander.

»Was hast du dich gefragt?« hakt sie nach, richtet sich in ihrem Sessel auf und signalisiert mir jenes freundliche Interesse, dem ich inzwischen zu mißtrauen gelernt habe.

Aber ich kann meine Worte nicht zurückhalten. »Ich habe mich gefragt ... wie lange ... wie lange es gedauert hat, bis die Menschen in den Gaskammern ...« Weiter schaffe ich es nicht.

»Das Gas hat nach drei bis fünfzehn Minuten gewirkt«, erwidert sie in technisch-distanziertem Ton.

»Und ... stimmt es, daß die Zeit in der Kammer irgendwann verkürzt wurde?«

»Ist das denn so wichtig?« fragt sie, plötzlich wieder argwöhnisch geworden.

»Ja, ich wüßte es gern.«

Sie zuckt mit den Schultern, ihr Blick wird trübe. »Keine Ahnung«, meint sie ausweichend.

»Weißt du es nicht, oder möchtest du es mir nicht sagen?«

Sie seufzt. »Von einem gewissen Moment an war diese Maßnahme nicht mehr zu umgehen ...«

»Dann stimmt es also, daß sie verkürzt wurde?«

»Was?«

»Die Zeit.«

»Na ja, bedenke, daß wir zwölftausend Stück am Tag eliminieren mußten – die Quote war erhöht worden ...«

Ich bin sprachlos.

»Was denkst du?« will sie wissen.

Ich schüttle abwehrend den Kopf.

»Was denkst du?« fragt sie noch einmal und fährt sich wieder mit der Zunge über die Lippen, auf diese zugleich so natürliche und so ekelhafte Weise.

»Dann konnte es also passieren«, sage ich, »daß der eine oder andere noch lebte, wenn ihr die Türen der Gaskammern geöffnet habt?«

Sie wird steif, ihre Augen sind wieder völlig undurchdringlich. »Wie kommst du denn auf die Idee?!«

»Antworte mir, wenn du es fertigbringst«, sage ich, und meine Stimme klingt plötzlich ganz rauh.

»Ich weiß nicht.«

Ich stehe auf, sie auch. »Was machst du? Ich gehe heute nicht essen«, jammert sie.

»In der Eingangshalle haben wir die Besuchszeiten gesehen«, sage ich. »Sie geht langsam zu Ende.«

Sie seufzt. Ihr Gesicht wirkt unruhig, verkrampft, wechselt in einem fort den Ausdruck. »Ja, es konnte vorkommen«, stößt sie zwischen den Zähnen hervor.

»Daß noch welche am Leben waren?«

»Aber ja doch!« erwidert sie ungeduldig und gereizt. »Vor allem Kinder – diese kleinen Miststücke haben dem Rattengift länger standgehalten als die Erwachsenen«, fügt sie mit einem sarkastischen Lachen hinzu. Ich wende den Blick von ihrer höhnischen Grimasse ab und suche die Augen meiner Kusine, aber sie schaut weg.

Wir schweigen kurz, aber ich weiß, daß ich weitermachen muß. Es ist wie ein Fieber, wie ein Wahn, der mir keinen Frieden mehr läßt. »Und dann kamen alle ins Krematorium – Leichen und Lebende und Kinder, alle zusammen?« Der Schweiß rinnt mir von der Stirn.

Ihr Blick wirkt abwesend und eiskalt. »Das weiß ich nicht...«, erwidert sie feindselig.

»Wie, das weißt du nicht?« fahre ich sie an. »Ich dachte, du hättest im Lager was zu sagen gehabt, seist immer über alles unterrichtet gewesen?«

Der Trick funktioniert. »Vor mir hatte man Respekt«, sagt sie. »Ich war eine Autorität im Lager.«

»Eben. Dann wußtest du doch bestimmt über alles Bescheid.«

»Ja«, sagt sie, fügt aber sofort ein abschwächendes »So ziemlich« hinzu.

»Dann mußt du doch auch gewußt haben, daß manchmal jemand ins Krematorium kam, der noch gar nicht tot war ...«

Sie starrt aus weit geöffneten Augen ins Leere. Diese Leere ist ihre Vergangenheit – das einzige, was ihr in diesem letzten Lebensabschnitt geblieben ist. Etwas anderes hat sie sich nicht aufgebaut. Wie ich sie so betrachte, wirkt sie sehr, sehr alt und erschöpft.

»Was willst du von mir?« fragt sie mich in kläglichem Ton. »Ich bin so müde.«

Aber ich lasse mich nicht erweichen. »Du willst mir also nicht antworten?« frage ich hart.

»Worauf?« stöhnt sie.

»Auf die Frage, ob auch die noch Lebenden ins ...«

»Ins Krema kamen?«

»Krema?«

»So haben wir das Krematorium genannt«, erklärt sie. Sie denkt nach, mustert mich verstohlen und holt tief Luft, wie vor einem Sprung ins Wasser. »Ja, das konnte vorkommen«, erwidert sie schließlich mit einem resignierten Seufzer, und dann fährt sie fort, aber wie jemand, der nur spricht, weil ihm eine Pistole an die Schläfe gehalten wird. »Es sterben halt nicht alle gleich schnell. Manche widerstehen dem Gas länger. Und das Alter spielt auch eine Rolle. Neugeborene waren in wenigen Minuten hinüber, wir haben welche rausgezogen, die knallblau waren ...«

Sie hält inne, weil ihre Kinnlade wieder zu zittern begonnen hat. Ihr Blick verdüstert sich, sie tastet in ihrem Gesicht herum, versucht das zitternde Kinn festzuhalten, das unheimliche Klappern ihrer Zähne zu unterdrücken. Ein erbärmliches Schauspiel.

Ich stehe auf und mache ein paar Schritte. Zuerst gehe ich zum Fernsehapparat, dann zu einer der Topfpflanzen. Mechanisch streiche ich über ein großes Blatt, es ist hart und glänzend.

»Du bist gemein!« ächzt meine Mutter in ihrem Sessel und wird von einem Weinkrampf geschüttelt.

Ich bin am Ende. Unruhig blicke ich auf meine Uhr, aber sie duldet das nicht.

»Und schau nicht ständig auf die Uhr!« schreit sie mich an. »Ich will nicht, daß du gehst!«

Sie weint immer noch, wenn auch etwas leiser. Ich weiß nicht, was ich zu ihr sagen soll. Auf unser letztes Thema will ich auf keinen Fall zurückkommen. Eigentlich will ich gar nichts mehr sagen. Ich bin wie ausgebrannt.

Das letzte, was ich erwartet hätte, ist die Frage, die sie mir plötzlich stellt: »Hattest du nicht einen Sohn?«

Ich falle aus allen Wolken. »Du erinnerst dich an ihn?«

»Vage ... er war sehr klein.«

»Ja, ich hatte ihn bei mir, als ich dich das letzte Mal hier in Wien besucht habe.«

»Du, in Wien? Mit deinem Sohn? Wann?«

»Vor siebenundzwanzig Jahren.«

»Siebenundzwanzig ...«, wiederholt sie ratlos. »So viel Zeit ist vergangen?«

»Ja, so viel Zeit«, sage ich bitter.

»Und wann seid ihr das nächste Mal gekommen?«

»Wir sind nicht mehr gekommen.«

Sie schüttelt den Kopf. »Sie sind nicht mehr gekommen. Sie sind nicht mehr gekommen ... nie wieder?«

»Nein, nie wieder.«

»Ich bin aber doch deine Mutter«, erklärt sie auf einmal mit vorwurfsvoller Stimme.

Und ich bin deine Tochter, würde ich ihr am liebsten ins Gesicht schreien. Aber ich halte den Mund.

Es folgt eine Pause, während der sie Löcher in die Luft starrt.

»Warum bist du heute nicht mit deinem Kind gekommen?« fragt sie schließlich mit enttäuschter Stimme.

»Er konnte nicht, er muß arbeiten«, antworte ich. »Er ist inzwischen ein Mann von zweiunddreißig Jahren.«

Sie sieht mich verwirrt an. »Zweiunddreißig? Schon so groß?« fragt sie betroffen.

Ich nicke. »Ja, die Zeit vergeht wie im Flug.« Wie absurd diese Phrase unter den gegebenen Umständen klingt, merke ich erst hinterher. Meine grauen Zellen wollen einfach nicht mehr.

»Ist er verheiratet?«

»Nein, noch nicht.«

»Und du, hast du einen Mann?«

»Ich bin Witwe.«

Sie überlegt. »Wahrscheinlich war dein Mann schon alt«, meint sie.

»Er ist mit siebenundvierzig Jahren gestorben.«

»Wirklich?« fragt sie ungläubig. Sie preßt sich zwei Finger an die Schläfen und stöhnt, als wären alle diese Enthüllungen zuviel für sie.

»Hast du genügend Geld?« will sie dann wissen.

Ich nicke bejahend und muß unwillkürlich wieder an das Gold denken, das sie mir 1971 in die Hände gedrückt hatte. »Du könntest es einmal brauchen«, hatte sie gesagt. Und mich dadurch verloren.

»Redet er manchmal von mir?«

Ich sehe sie verstört an.

»Mein Enkel, erinnert er sich noch an mich?«

Offensichtlich ist ihr nicht klar, was sie damals angerichtet hat, was für ein Trauma dieser Besuch in Wien für Renzo gewesen ist. Die Gleichgültigkeit meiner Mutter war für ihn eine unglaublich herbe Enttäuschung. Er war damals fünf Jahre alt, hatte gehofft, eine Großmutter zu finden, denn die italienische »nonna« zog ihm, dem Halbösterreicher, immer ihre italienischen Enkel vor. Statt dessen war er auf absolute Nichtbeachtung, wenn nicht gar Ablehnung gestoßen. Wir beide haben danach nie wieder über meine Mutter gesprochen.

»Bringst du ihn irgendwann mal wieder mit?« fragt sie mit weicher Stimme und beinahe überzeugend klingender Rührung.

»Ja«, lüge ich.

»Und bringt ihr mir dann gelbe Rosen?«

Wer weiß, woher diese Leidenschaft für gelbe Rosen kommt. Ob ihr mysteriöser Berliner Freund ihr immer welche schickt? Was hat dieser Mann überhaupt für eine Rolle in ihrem Leben gespielt?

Ganz in Gedanken versunken, muß ich ungewollt mit dem Kopf genickt haben, denn meine Mutter dringt weiter in mich: »Und meinst du, dein Sohn wird mich Oma nennen?«

Oma. Nein, das glaube ich wahrhaftig nicht. Ich schaue zum Fenster hinaus. Aus dem grauen Himmel fällt Sprühregen.

Hinter meinem Rücken wiederholt ihre Stimme: »Wird dein Sohn mich Oma nennen?«

Ich drehe mich um und sehe in die blauen Augen, die mein Sohn geerbt hat. »Ja, er wird dich Oma nennen ...«, lüge ich.

In diesem Moment ertönt zum zweitenmal der Essensgong. Meine Mutter zuckt zusammen. »Ich will nicht essen!« schreit sie ängstlich. »Ich will noch mit dir reden.«

Ihre Augen sind aufgerissen, ihr Blick ist flehentlich, aber wenigstens zittert ihre Kinnlade jetzt nicht mehr.

Sie steht auf, kommt auf mich zu: »Geh nicht fort, geh nicht fort!«

Sie umklammert meinen Arm und tut, als gehe sie jeden Moment in die Knie, ich stütze sie und führe sie behutsam zu ihrem Sessel zurück.

»Soll ich dir noch was erzählen?« Sie weiß, daß dies die einzige Möglichkeit ist, mich aufzuhalten.

Ich stehe vor ihr; um mir ins Gesicht zu sehen, muß sie den Kopf zurücklegen. In dieser Haltung, den Körper gebogen, die Arme vor der Brust gekreuzt, wirkt sie noch zerbrechlicher. Aber ihre Augen blitzen schon wieder.

»Soll ich dir vom vierten erzählen?« fragt sie in vielsagendem Ton.

»Vom vierten?« wiederhole ich automatisch. Ich sitze in der Falle – schon wieder.

Meine Mutter streicht sich das Kleid aus Militärwolle über den Schenkeln glatt, wirft mir einen heiteren Blick zu.

»Also«, frage ich unwirsch. »Was hat es mit diesem geheimnisvollen vierten auf sich?«

»Bleibst du noch bei mir, wenn ich es dir verrate?«

Ich nicke.

»Lange?«

»Bis Fräulein Inge mich wegschickt.«

»Oh, keine Sorge, das wird sie sich nicht erlauben«, meint sie sehr selbstsicher.

»Also, ich höre.«

»Das vierte Krematorium von Birkenau hatte keine Öfen«, sagt sie beinahe genüßlich und sichtlich erfreut darüber, mich erneut in ihrem Netz gefangen zu haben. »Es hatte keine Öfen, weil es nie ganz fertiggestellt worden ist. Es hatte nur eine große Grube voller Glut.« Sie beugt sich vertraulich zu mir vor. »Der neue Lagerführer von Auschwitz hat sich einen Spaß daraus gemacht, Kriegsgefangene am Rand der Grube aufzustellen und erschießen zu lassen. Er hat es richtig genossen, sie in die Glut reinfallen zu sehen ...«

Wie gern würde ich denken, daß sie lügt, daß sie diese Geschichte bloß erfunden hat, um mich dazubehalten. Aber ich weiß, daß sie die Wahrheit sagt. Eine Wahrheit, die ihr über die Lippen kommt, ohne daß ihre Stimme das leiseste Gefühl verrät.

»Es gab noch einen anderen, der sich auf diese Weise vergnügt hat«, fährt sie fort. »Aber der ließ Jüdinnen zur Grube bringen. Nackte Jüdinnen.«

»Wer war das?«

»Moll, der Krematorienaufseher. Wenn er die Frauen in die Glut fallen sah, lachte er wie verrückt. Er haßte niemanden so sehr wie sie, nicht einmal die russischen Gefangenen.«

»Was hattet ihr bloß alle gegen die Juden?« stammle ich.

»Ihr, wer?«

»Na ja ...« Ich zucke mit den Achseln. »Du, Hitler, Himmler, das Regime, die SS ... ihr eben.«

»Die Juden waren schuld an allem«, erwidert sie in sehr bestimmtem Ton.

»Woran denn beispielsweise?«

»Beispielsweise daran, daß wir den Ersten Weltkrieg verloren haben. Ständig haben sie gegen Deutschland gestänkert. Und außerdem haben sie internationale Verschwörungen angezettelt, um einen neuen Konflikt heraufzubeschwören.« Ihre Worte klingen absolut überzeugt, aber sie betet sie herunter wie eine auswendig gelernte Lektion – eine festgefahrene Leier.

»Hör auf«, unterbreche ich sie barsch. Ich hole tief Luft. »Es schmerzt mich, daß meine Mutter mit derart sadistischen Verbrechern zu tun hatte«, setze ich mit etwas ruhigerer Stimme hinzu.

»Sadistische Verbrecher«, wiederholt sie betroffen. »Es ist hart, so was von seiner Tochter zu hören.«

»Ich weiß«, entgegne ich trocken.

Sie schweigt, scheint nachzudenken. »Vielleicht hast du recht«, sagt sie dann, »wenn auch nur bedingt. Der Krieg ändert die Menschen, er hat auch viele von uns verändert.«

Entschuldigt und freigesprochen – so einfach geht das. Unerträglich.

»Der Krieg hat nichts mit der Massenvernichtung der Juden zu tun!« platze ich heraus. »Gaskammern, Verbrennungsöfen – das war nicht der Krieg!«

»Die Endlösung habe nicht ich entschieden«, erwidert sie und geht in die Defensive. »Ich habe nur Befehle ausgeführt. Außerdem mußte ich meinem Schwur treu bleiben – Schwüre sind heilig. Und noch etwas will ich dir sagen, auch wenn du es mir nicht glaubst: Unter meinen Kameraden bei der SS gab es nicht nur vorbildliche Familienväter wie Rudolf Höß, sondern auch hochintelligente, gebildete und verantwortungsbewußte Männer ... Ehrenmänner, unvergeßliche Männer.«

Ehrenmänner: häuslich, tierliebend und naturbegeistert – Nazikitsch in Reinform. Entsetzlich.

Ich sehe Eva an. Sie ist ganz blaß. Ruhe bewahren, sage ich mir und versuche, sowenig aggressiv wie möglich zu antworten. »Tut mir leid«, meine ich, »aber die SS-Männer als Ehrenmänner zu bezeichnen, das halte ich doch für etwas übertrieben.«

Meine Mutter fährt mir scharf über den Mund: »So, das hältst du für übertrieben. Dann würde mich bloß interessieren, wie du über die SS-Frauen denkst, insbesondere über deine Mutter. Was ist sie für dich? Eine Kriminelle, wie fürs Nürnberger Kriegsgericht? Los, Karten auf den Tisch! Wir haben lange genug um den heißen Brei geredet!«

Sie ist außer sich.

Ich warte ein paar Sekunden, dann antworte ich so ruhig wie möglich: »Was meinst du, wie ich über eine Mutter denken kann, die KZ-Aufseherin in Birkenau war?«

Ihre Antwort kommt wie aus der Pistole geschossen. »Nun, meine Liebe, ob es dir gefällt oder nicht: Ich habe keine Sekunde bereut, in der Waffen-SS gewesen zu sein, klar?«

Oh, daran habe ich nie gezweifelt, Mutter.

»Und noch etwas will ich dir sagen«, fügt sie mit geschwellter Brust hinzu. »Für den Dienst im KZ habe ich mich freiwillig gemeldet, und weißt du, warum? Weil ich daran geglaubt habe. Ja, ich habe an den Auftrag der Deutschen geglaubt, an den Auftrag, Europa von dieser ... von dieser widerlichen Rasse zu befreien.«

Aufstehen und gehen: Das sollte meine Antwort sein. Statt dessen frage ich noch einmal wie vorher: »Nicht einmal die Mütter mit einem Neugeborenen an der Brust haben dir leid getan, als sie in die Gaskammern gingen? Nicht einmal die Kinder?«

Eigentlich sollte ich begriffen haben, daß es mehr nicht zu sagen gibt. Was will ich also? Warum stelle ich ihr noch einmal diese Frage?

Sie schwankt einen Moment lang. Ihr Blick wandert ins Leere, und ihr Atem geht plötzlich rasch und unregelmäßig, als steige sie eine steile Treppe hinauf. Dann beruhigt sie sich, hebt die Augen, sieht mich an. Alles an ihr hat sich verändert: Gesichtsausdruck, Blick, Stimme. Alles wieder ganz neu.

»In Ordnung«, hebt sie an, »und jetzt sag mir, welche Antwort du hören möchtest.«

Ich bin wie vor den Kopf gestoßen. »Wie meinst du das?«

Sie hat einen seltsamen Blick. »Hast du mir nicht gerade eine Frage gestellt? Also sag mir, was du als Antwort hören möchtest.« Sie ist ruhig und völlig klar im Kopf; so klar, wie ich sie noch nicht erlebt habe. Aus ihrer Stimme klingt wohlwollende Nachgiebigkeit mit einem spöttischen Unterton.

Ich bin wirklich desorientiert. Jetzt hat eindeutig sie die Fäden in der Hand; es ist, als hätte sie irgendeinen raffinierten, für mich völlig undurchschaubaren Trick angewandt; ich fühle mich überlistet.

»Also, was ist?« fragt sie in noch immer leicht spöttischem Ton. »Weißt du nicht, was du sagen sollst? Weißt du nicht, welche Antwort du gern hättest auf deine häßliche, boshafte, hinterlistige Frage?« Sie schüttelt voller Mitleid den Kopf. »Meine arme Mausi, jetzt hat es ihr die Sprache verschlagen.«

Sollte sie mir im allerletzten Moment doch noch eine Spur Zuneigung, einen Hauch von Wärme vermitteln wollen?

Mir ist ein wenig schwindelig, ich kann mich schon gar nicht mehr richtig an meine »häßliche, boshafte, hinterlistige Frage« erinnern. Trotzdem erwidere ich wie in Trance: »Ich möchte, daß du mir ehrlich antwortest, nur das.«

Zum Teufel mit der Frage. Ich bin völlig erschöpft. Säße ich doch schon im Taxi zurück ins Hotel oder, besser noch, beim Abendessen mit Eva in irgendeinem Restaurant im Stadtzentrum. Ich sehne mich nach Wiener Küche und einem dunklen Bier.

»Na gut«, sagt meine Mutter. »Du willst also die Wahrheit hören, nichts als die Wahrheit. Bist du sicher?«

»Ja.«

Sie faltet die Hände, atmet tief ein, entspannt die hohe weiße Stirn.

»Ich würde dir wirklich gern etwas anderes erzählen, aber wenn du die Wahrheit möchtest ... sollst du sie bekommen.«

Ich verspüre den jähen Drang, alles abzubrechen, meine Mutter zum Schweigen zu bringen, zu gehen. Aber ich unterdrücke ihn.

»Für mich mußte richtig sein, was für die Regierung richtig war«, beginnt sie mit fester Stimme. »Ich hatte nicht das Recht, persönliche Ansichten oder Gefühle zu entwickeln, ich hatte die Pflicht, Befehlen zu gehorchen, und zwar widerspruchslos – auch wenn diese Befehle vorsahen, Millionen von Juden zu vergasen. Aus diesem Grund durfte ich mir nicht die geringste Schwäche erlauben, auch nicht für Mütter und Kinder. Das einzige, was ich denken konnte, wenn ich die Jüngsten in den Bunker reingehen sah, war das: Wieder ein paar jüdische Bälger weniger, wieder ein paar Säuglinge, die nie abscheuliche erwachsene Juden werden.«

Meine Mutter hält inne, kämpft gegen ein neuerlich aufkommendes Kinnzittern an, beschließt dann, es zu ignorieren, und fährt fort. Sie wirkt in diesem Moment sehr stark. »Ich habe an die Endlösung geglaubt«, sagt sie und blickt mir geradewegs in die Augen. »Und dementsprechend habe ich meine Aufgabe erfüllt: mit großem Einsatz und voller Überzeugung. Nach dem Krieg haben sie mich wie eine Verbrecherin behandelt, aber ich war selbst während der Haft noch stolz darauf, dem Deutschland unseres großen Führers angehört zu haben, jawohl, das war eine große Ehre für mich ... Weißt du, daß ich in Birkenau Kant gelesen habe?«

Ihre Augen glänzen. Sie wird ihre Irrtümer mit ins Grab nehmen, denke ich mit Schaudern.

»Die Welt hat uns nicht verstanden«, setzt sie in einem Ton hinzu, der heute noch Groll verrät. »Und am Ende haben sich alle zusammengerottet, um uns zu vernichten.«

Sie wirft mir einen bedauernden Blick zu, den man beinahe für echt halten könnte. »Du hast gehofft, ich hätte meine Meinung geändert, nicht? Tut mir leid, dich enttäuschen zu müssen: Ich bleibe, was ich war.«

Und abschließend fügt sie noch hinzu: »Jetzt hast du die Wahrheit, nichts als die Wahrheit. Die Wahrheit, die du hören wolltest.«

Die Wahrheit, die ich hören wollte ...

Bleierne Stille hat sich über den Raum gesenkt. Meine Mutter scheint wieder ganz weit weg zu sein. Ob sie wirklich ehrlich war oder ob sie bloß gesagt hat, was ich, ihrer Meinung nach, von ihr hören wollte – ein Pseudogeständnis, das mir hilft, sie endgültig hassen, mich ein für allemal von ihr zu befreien?

Sie hebt den Kopf, mustert mich mit zusammengekniffenen Augen, als habe sie Mühe, scharf zu sehen. Auf ihren Lippen erscheint ein schiefes, zweideutiges Lächeln. Aber das alles dauert nur einen Moment, dann dreht sie sich dem Fenster zu und beginnt, mit einem Zipfel ihres Kleids herumzuspielen. Dabei werden ihre Bewegungen nach und nach immer langsamer und mechanischer, bis sie schließlich völlig reglos dasitzt, ein Stück Stoff um den Finger gewickelt. Wieder ist sie mir entflohen, und mir wird klar: Habe ich ihre Abwesenheit gestern noch als bedrückende Anwesenheit empfunden, so empfinde ich ihre Anwesenheit heute als unwiderrufliche Abwesenheit. Angst beschleicht mich bei diesem Gedanken. Und ein völlig irrationales Gefühl der Zärtlichkeit. Sie ist meine Mutter, sie ist trotz allem meine Mutter. Muß ich mich schämen, weil mein Instinkt, mein Tochterinstinkt, manchmal alle anderen Stimmen verdrängt, die Stimme der Moral, die Stimme der Geschichte, die Stimmen der Gerechtigkeit und Menschlichkeit?

Eva streichelt mir den Arm und lächelt mich verständnisvoll an. Ihr hilfloser Gesichtsausdruck beim Seitenblick auf meine Mutter sagt mir, daß sie meine Gefühle teilt.

Im nächsten Moment kommt Fräulein Inge herein. »Jetzt wird es aber Zeit – im Speisesaal wartet alles auf Sie«, sagt sie mit professioneller Ungezwungenheit. »Wollen wir gehen?«

Meine Mutter erwacht jäh aus ihrer Lethargie und geht sofort wieder zum Angriff über. »Ich komme nicht mit!« verkündet sie streitbar. »Heute esse ich nicht zu Mittag. Ich muß mich noch mit meiner Tochter unterhalten.«

»Die Besuchszeit ist zu Ende«, versucht Fräulein Inge sie zu überzeugen, »und Sie müssen etwas zu sich nehmen.«

»Ich will nicht, habe ich gesagt!«

Meine Mutter erhebt sich mit wutverzerrtem Gesicht. »Gehen Sie doch zum Mittagessen, wenn Ihnen das so wichtig ist, und lassen Sie mich und meine Tochter in Frieden!«

»Nein, ich glaube, Sie sollten sich jetzt wirklich von Ihren Gästen verabschieden«, erwidert Fräulein Inge nun in etwas bestimmterem Ton. »Seien Sie lieb, geben Sie mir die Hand.«

»Ich will nur die Hand meiner Tochter, keine andere!« schreit meine Mutter und versteckt ihre Linke wie ein störrisches kleines Kind blitzschnell unter der Achsel.

Fräulein Inge zieht sie dort sanft wieder hervor und umklammert sie fest.

»Au, Sie tun mir weh!« schreit meine Mutter völlig außer sich. »Hilfe, sie tut mir weh!«

Sie dreht und windet sich, schafft es freizukommen, stürzt auf mich zu. »Halte du mich. Halte du mich!« fleht sie, packt meine Hand und lächelt mich vertrauensvoll an.

Ich empfinde eine Mischung aus Verlegenheit und Mitleid – und den instinktiven Wunsch, sie zu beschützen.

»Geh nicht weg ...«, bittet sie unterdessen, »geh nicht weg.« Und ihre knochigen kalten Finger umklammern meine Hand. »Ich bin so einsam, niemand besucht mich hier ...«, stammelt sie.

Fräulein Inge korrigiert sie geduldig: »Aber, aber ... Frau Freihorst kommt doch dreimal die Woche und leistet Ihnen Gesellschaft.«

Meine Mutter schiebt die Unterlippe vor. »Das ist mir egal, ich will nur meine Tochter.«

Fräulein Inge schüttelt resigniert den Kopf und gibt mir durch ein Nicken zu verstehen, ich solle meine Mutter aus dem Besucherzimmer führen. Ich gehorche verwirrt.

Im Korridor herrscht das für Heime und Krankenhäuser typische Treiben vor dem Mittagessen: Tellerklappern, ein Hin und Her von Stimmen, Personal, das Servierwagen mit Gläsern, Besteck und Getränken schiebt.

Fräulein Inge geht uns zur Tür des Speisesaals voraus. Wir wollen gerade eintreten, als meine Mutter meine Hand losläßt und sich mir in einem jähen Gefühlsausbruch an den Hals wirft. »Laß mich nicht allein«, weint sie, »geh nicht weg!«

Ringsum wird es still. Man hört nichts als ihr Schluchzen, das von der Gewölbedecke widerhallt. Die Leute an den Tischen beäugen uns konsterniert.

Meine Mutter drückt mir jetzt den Kopf an die Brust und stöhnt: »Bleib bei mir, bleib bei mir ...«

Fräulein Inge versucht, mich von ihren gebrechlichen, spindeldürren Armen zu befreien, die in dieser verstörten, krampfartigen Umarmung jedoch eine unerwartete Kraft beweisen. Meine Mutter wehrt sich mit Händen und Füßen, sie schluchzt immer lauter und beginnt dann plötzlich, mich überall zu küssen: Sie küßt meine Perlenkette, die Knöpfe und Ärmel meiner Jacke, das Revers mit der Brosche, gekauft an einem Nebeltag in Venedig. Sie küßt meine Handflächen ... einfach entsetzlich.

Es ist, als sei ein Schleier gerissen. Jetzt steht sie unverhüllt da, unsere Geschichte – die verpaßte Geschichte einer Mutter und einer Tochter. Eine Nichtgeschichte.

Laß mich gehen, Mutter.

Endlich gelingt es Fräulein Inge, uns zu trennen. Sie legt meiner Mutter verständnisvoll die Hände auf die Schultern und sagt: »Frau Schneider, Sie müssen jetzt vernünftig sein und sich von Ihren Gästen verabschieden.«

Eva nähert sich meinem Ohr und flüstert: »Sag ihr, daß du heute nachmittag wiederkommst.«

Ich befolge ihren Rat: »Geh essen, ich komme heute nachmittag wieder.«

Die tränennassen Augen meiner Mutter leuchten vor Freude auf: »Sagst du das im Ernst?«

»Ja.«

»Versprochen?«

»Versprochen.« Ich schäme mich.

Meine Mutter macht sich mit einem gereizten Ruck von Fräulein Inge los und erklärt feierlich: »Ich gehe essen, weil meine Tochter versprochen hat, daß sie heute nachmittag wiederkommt. Und ich glaube ihr. Meine Tochter hält ihr Wort, sie erzählt keine Lügen. Sie ist nicht eine von denen, die leere Versprechungen machen. Sie ist ehrlich. Sie ist meine Tochter, und ich glaube ihr.«

Ein paar Sekunden lang mustert sie mich noch mit schmerzlicher Eindringlichkeit, dann fragt sie mich mit einer Sanftheit, deren ich sie nie für fähig gehalten hätte: »Würdest du mir noch mal einen Kuß geben, Mausi?«

Ich verspüre einen Stich im Herzen, der brennt wie eine Wunde. Aber ich küsse sie. Ich beuge mich hinunter und küsse die eiskalte Wange meiner Mutter. Und wie weit ich mich hinunterbeugen muß, wie klein sie geworden ist. Könnte ich sie doch Mutti nennen, aber ich kann nicht, mein Magen zieht sich zusammen und läßt das Wort nicht heraus. Auf der Suche nach irgendeiner anderen liebevollen Geste fällt mir nichts Besseres ein, als ihr unbeholfen die Schulter zu drücken, und obwohl ich ihr dabei vielleicht sogar weh tue, lächelt sie zufrieden.

Alles kommt mir unwirklich vor. Wohl zum hundertsten Male frage ich mich, mit wem ich es da eigentlich zu tun habe.

Bist du wirklich ein hartgesottenes, unbekehrbares »Naziweib«, Mutter, oder hast du mir all diese entsetzlichen Dinge erzählt, damit ich dich leichter hassen kann?

Ich betrachte die vertrauensvoll auf mich gerichteten Augen und denke: Nein, ich kann dich nicht hassen. Ich kann dich nur einfach nicht lieben.

»So, jetzt ist es wirklich Zeit«, meint Fräulein Inge ruhig, aber entschlossen.

Meine Mutter gehorcht und ist plötzlich ganz zahm. »Bis nachher«, sagt sie lächelnd. »Bis nachher, meine Tochter.«

Dann betritt sie den Saal mit seinem Stimmengewirr. Ich folge ihr mit dem Blick. Auf der Türschwelle dreht sie sich noch einmal um und wirft mir mit den Fingerspitzen einen Handkuß zu. Ihr Gesicht hat wieder einen ganz seltsamen Ausdruck, und das bewirkt, daß ich sie als unendlich weit weg empfinde.

Ich versinke in Gedanken, und als ich wieder zu mir komme, ist meine Mutter verschwunden. Ein Gefühl der Kälte und Leere befällt mich. Ich starre auf die Flügeltür des Speisesaals und mache vielleicht einen Schritt darauf zu, jedenfalls packt mich meine Kusine Eva sanft am Arm. »Wir müssen gehen ...«, raunt sie mir zu.

Ich nicke und denke: Ich habe verloren.

Ich habe erneut verloren.

»Wenn Sie möchten, können wir später noch einmal miteinander telefonieren«, schlägt Fräulein Inge vor.

Ich nehme dankbar an, und sie reicht mir einen Zettel mit ihrer Privatnummer.

»Sie können ruhig auch spät anrufen«, sagt sie freundlich.

»Danke. Ich rufe Sie vom Hotel aus an«, erwidere ich gerührt.

»Ihre Mutter ist in guten Händen«, versichert sie mir zum Abschied lächelnd.

Meine Kusine hakt sich bei mir unter und führt mich den langen Korridor entlang zur Treppe. Mein Hals ist wie zugeschnürt, ich habe Mühe, Luft zu bekommen.

»Es ist alles vorbei«, flüstert Eva liebevoll. Und da lasse ich mich gehen und beginne zu weinen.

An der Pförtnerloge bitten wir, uns ein Taxi zu rufen. Ich habe ganz weiche Knie und noch immer dieses scheußliche Gefühl von Unwirklichkeit. Was war das?

Was war das?

Ich hebe das Gesicht, der feine Nieselregen kühlt meine Stirn.

»Es ist vorbei«, wiederholt meine Kusine. »Es ist alles vorbei, entspanne dich.«

Der bleierne Himmel lastet zentnerschwer auf den Kronen der alten Platanen, die Luft ist feucht und klebrig.

Das Taxi hält vor dem äußeren Eingangstor.

Bevor wir einsteigen, wendet Eva den Kopf und fragt mich: »Hast du vor, zurückzukommen?«